秦彩焰／主编

孝义典范王梦鹏

XIAOYI DIANFAN WANGMENGPENG

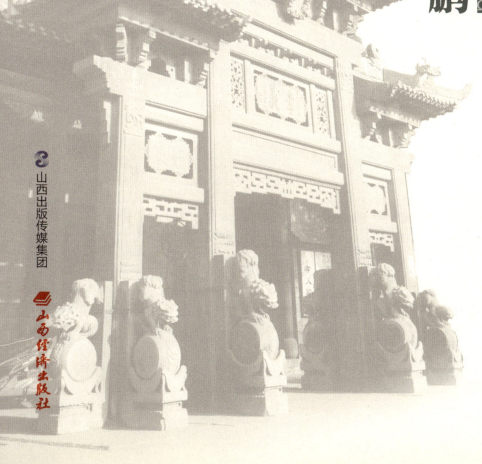

山西出版传媒集团

山西经济出版社

图书在版编目(CIP)数据

孝义典范王梦鹏 / 秦彩焰主编. –– 太原：山西经济出版社, 2019.1
ISBN 978-7-5577-0447-6

Ⅰ.①孝… Ⅱ.①秦… Ⅲ.①王梦鹏 – 生平事迹 Ⅳ.①K828.9

中国版本图书馆 CIP 数据核字(2019)第 018109 号

孝义典范王梦鹏

主　　　编：	秦彩焰
执 行 主 编：	郑建华
责 任 编 辑：	司　元
装 帧 设 计：	卓尔文化·赵长发
出 版 者：	山西出版传媒集团·山西经济出版社
地　　　址：	太原市建设南路 21 号
邮　　　编：	030012
电　　　话：	0351-4922133（市场部）
	0351-4922085（总编室）
E - m a i l：	scb@sxjjcb.com（市场部）
	zbs@sxjjcb.com（总编室）
网　　　址：	www.sxjjcb.com
经 销 者：	山西出版传媒集团·山西经济出版社
承 印 者：	山西臣功印业有限公司
开　　　本：	787mm × 1092mm　1/16
印　　　张：	16.25
字　　　数：	219 千字
版　　　次：	2019 年 1 月　第 1 版
印　　　次：	2019 年 1 月　第 1 次印刷
书　　　号：	ISBN 978-7-5577-0447-6
定　　　价：	58.00 元

序

秦彩焰

　　说北京故宫是皇家宫殿的经典，肯定没有人以为是妄言；说灵石王家大院是隐于民间的故宫，大概就众口不一了。于是，认为此言不虚者，奔着求实而来；觉得有夸诩之嫌者，抱着印证而来。再于是，在纷至沓来的人潮中，在盛誉如歌的口碑中，王家大院坐稳了"民间故宫"的尊位，赢得了"华夏民居第一宅"的美名。

　　走进王家大院的人，当脚步徜徉于亭台阁榭，目光流连于窗棂梁柱，所有的视角冲击和心灵震撼，无不来自这一踱一瞥间，这就是王家大院呈现给大家外在的"形"。

　　而那些深深隐埋于房根墙隙里的陈年往事，久久流传在街头巷尾间的沧桑故事，则是王家大院内在的"魂"。

　　"形"在眼前呈现着，任人饱览，引人入胜；"魂"在院内萦绕着，待人捕捉，催人奋进。而进一步扬其"形"，探其"魂"，这份差，作为王家大院的管理者责无旁贷。

　　王家大院建馆 20 多年来，从古镇风貌到大院景观，从史海钩沉到艺术鉴赏，从建筑布局到社会人文已有多部著述，让世人对一座古老院落和它所处的时空环境的来龙去脉有了大致的了解。

然而连片数幢的巍巍宅院何以沧桑屹立？传承数十代的殷殷香火何以繁盛不绝？绵延数百年的泱泱商脉何以兴隆昌盛？

我们在王氏家族的强大生命图谱中找到了基因密码，那就是由始祖先宗创业、子孙后嗣传承，恩泽百代、庇荫千秋的孝行义举。

提及王家的孝行义举，首推承上启下、继往开来、誉满桑梓、名传朝野，被尊为"孝义典范"的王氏第十五世祖王梦鹏。

王梦鹏一生，从未踏入仕途，只是在王家大院这方天地里以尊长身份坚守了数十年，正是在他的苦心经营下，王家人行孝履义，守德施仁，人丁兴旺，家业繁盛，成为位列灵石四大家族之一的名门望族。因此，编撰一本记述王梦鹏孝行义举的书，就成为我履职王家大院后一桩强烈的心愿。

说起来，我与王家大院结缘有一个渐进的过程。

早些年我在电视台工作时，曾分管过新闻宣传，那时候大院的早期开发和旅游发展都是我们宣传的重要内容。后来我又到文物旅游局主持工作，从行政管理上与大院有了较多的接触。再后来，我被调往王家大院任职。从外围报道，到近距离接触，再到忝列其中，我一步步成了真正的王家大院人。

我把心愿说给和我在工作上多有合作的灵石县文联负责人王俊才，想听听他的看法。俊才曾著有长篇小说《静升王》，又因一笔写不出两个"王"字，他对我的想法非常赞同，并声称早有此意。于是，由王俊才牵头的编写班子很快搭了起来。

在编撰研讨会上，大家一致认为此举是一件既尊崇前贤又启迪后世，既繁荣文化又垂裕社会的好事。有了这样的共识，在编撰过程中，大家不辞辛劳，一门心事想着竭尽所能，形成合力，共同打造一本好书，为先贤至德树碑立传，为晚生来者树立典范。

时近一年，书稿初成。感谢几位老师在年代久远、史料匮乏的情况下，从民间收集，找史料查考，听传说演绎，可谓广采博引，不遗余力。

如果说郑建华、王海琴、吴秀敏、蔺俊鹏、任虹霞等同志作为王家大院的职工，埋头编撰属于"本职"，而张佰仟、王儒杰、杨迎光三位老师因挂着王家大院文化顾问的头衔，潜心编撰也算"分内"工作的话，那么王俊才、刘计亮、燕俊等"局外"人士协同编撰就完全是友情助阵了。好在大家久有繁荣振兴邑域文化的夙愿，所以一切超常付出都是为了奔向一个共同的精神高地。

歌德说：一书一世界。此书作为王家大院首部有关人物传记的集子，书中王梦鹏的孝行义举历经 300 年风雨洗礼，重新鲜活了起来，定会成为大众的生活教材和伦理范本。

凡走进王家大院的人，倘若因其"形"而陶醉，为其"魂"所警醒，就足以证明：大家的力没有白出，我们的事没有白做。

是为序。

2018 年 10 月

目　录

概　述

　　在静升王氏族人中，有一个非常了不起的人物，他一生中虽然没有担任过任何官职，也一直没有离开过那个叫静升的村庄，可他去世后，前来吊唁者却不乏高官巨贾，也不乏名士豪绅；朝廷重臣孙嘉淦之弟国子监监丞孙扬淦亲自撰写了祭文；太史祝德全、中书徐昆、赐进士出身翰林院侍读学士周长发等撰写了传记、墓表、填讳。山西巡抚将他的孝行义举表奏朝廷，敕建孝义坊旌表。东阁大学士、太子太保刘墉作挽诗云：

　　　　遥瞻槐里钦耆宿，评重乡邦月旦同。
　　　　志节独垂千古后，操持只在五伦中。
　　　　骑鲸直上青琳馆，化鹤闲游紫石宫。
　　　　争羡天章荣处士，馨香至德永褒崇。

　　他叫王梦鹏，字六翮，号无逸，又号竹林，灵石静升王氏第十五世孙，生于清康熙十九年（1680 年），逝于清乾隆二十一年（1756 年）。在其 77 年的人生旅程中，他为何会得到这么多人的景仰，其实答案不难寻找，只因为——

　　"孝"闻乡里，竖起了一面永恒的镜子

　　古语云：百善孝为先。王梦鹏一生都把"孝"字搁在心上，用自己的一言一行诠释着"孝"的真谛。在静升人，特别是王氏族人心目中，王梦鹏早已成为一面"至孝"的镜子。

王梦鹏生父王谦让，一直体弱多病。梦鹏打幼年起，就懂得"恪尽子职"，一言一行多得长辈喜悦；不幸的是，他年仅 11 岁时便失去了父亲。面对离去的父亲，他为自己不能回报父亲的养育之恩而悲痛万分。他亲书祭文，洋洋万言，倾诉着自己的悲苦之情。静升村不乏饱学之士，读罢祭文，含泪叫绝。

15 岁时，他出继给四叔正居。对养父母，他数十年如一日，早晚请安，昼夜牵念。养父母患病，他放下所有事务，侍奉汤药不离左右。据传，为了作药引，他还曾割股奉"母"，成为一时美谈。养父母先后去世后，他在墓旁搭起一间草屋，昼夜烧香，朝夕哭泣，一连数月，从未间断，过路人听到后，无不感动。此后，他又多了一个美名：王孝子。

"义"薄云天，铸造了一座不朽的丰碑

在王氏族人中，王梦鹏可称得上是各项义举的领军人物。

他建义仓于乡中，捐粮捐款从不落后于人。特别是大灾之年，不惜银两远方购回粮食，赈济灾民。临终前，他还叮嘱长子中辉代他再捐银千两，储于义仓，以备灾歉时所用。

他看到穷苦的孩子不能读书，便百般筹措资金，选择校址，聘请老师，办起义学，专门招收村里贫苦之家的子弟。对向他求学的生员，他从不厌倦，循循善诱，提携始终。

他曾捐地九亩，设立义冢于静升村西关帝庙之外，安葬里中、乡中无主尸骸，泽及白骨。并亲书义冢门楼联：不忍亡魂悲暴露，聊输隙壤慰孤灵。

对于贫苦人、乡邻无力偿还债务者，他问明缘由，当面焚借，永不再还。贫困人遇有婚丧嫁娶等事时，经常给以帮助。修桥筑路，救急扶贫解人纷争，种种义举他都有始有终，成为村中各项义举的垂范者。

国家有难时，他还拿出数万银两资助朝廷救灾、平叛。

他教子有方。他去世后，其子中辉、中极克承父志，也广为善举，增建义冢，扩建义学，修桥补路，善行不止。

"书"堪上乘，留下了一笔宝贵的财富

王梦鹏勤奋好学。21岁被举为"优生"，儒学教谕为之题匾——"品行兼优"。

他尤嗜翰墨，平生孜孜追求。案头常备名家真迹，朝夕揣摩，临池不倦，深得"二王"笔法，直至暮年手软眼花，仍不肯稍息。他的书法作品由其子中极刻石保存，现展于灵石王家大院视履堡桂馨书院内，名曰《来青山馆帖》。其中他于清乾隆十九年（1754年）75岁时在漱艺书屋摹写的《大唐三藏圣教序》，更是风生水起，无一毫牵强之迹，内劲外映，不失晋人遗风。乾隆进士、诗龛居士法式善，灵石知县虞奕绥，时人万承风、徐昆等书家也大加赞赏。

清代大书法家翁方纲也评其曰：平淡高逸，无烟火气，即偶临古帖，亦间出己意，超越娴静，如其为人，自是书家上乘。

综观王梦鹏一生，实不愧为难得的以集孝行、义举、书法于一身的三绝之士。一代藏书家茹纶常瞻仰孝义祠后，曾作《竹林王公崇祀孝义祠·公工书法》一诗，对王梦鹏见义而勇为、乐善而不倦的孝义之行和书法做了高度概括：

光昭祀典著清誉，积善真看庆有余。
丛竹只今生孟笋，渊泉自昔涌江鱼。
非关市义才焚券，尚忆临池为学书。
见说石膏山下路，高风争仰郑公庐。

壹

孝思不匮

在驰名中外的"中国历史文化名镇"——山西省晋中市灵石县静升镇，有一个由五条深巷和六座古堡组成，横跨五里长街的古建筑群落，人称王家大院。在王家大院视履堡、恒贞堡建筑群的脚下，有一座赫赫巍巍的古祠堂，祠堂的大门外，矗立着一座高大雄伟的四柱三间三楼式石牌坊。因牌坊坊心镌有清代著名书法家、文学家、金石学家、内阁学士翁方纲亲笔题写的"孝义"二字，因此当地人将这座牌坊称作"孝义坊"，而坐落在它后面的那座祠堂，也就顺理成章地被称作是"孝义祠"了。

这孝义坊始建于清乾隆四十九年（1784 年），于乾隆五十一年（1786 年）建成，牌坊正面明间楼檐下，镶嵌着刻有"圣旨"二字的石雕竖匾，表明该牌坊为"圣旨"规制牌坊，是由乾隆皇帝降旨，为旌表静升王氏第十五世祖王梦鹏而创建的。而孝义祠作为孝义坊的配套建筑，竣工于清嘉庆元年（1796 年），是专门用于奉祀和纪念王梦鹏的专祠。

在古代，能获得立圣旨"孝义"牌坊的殊荣，无论是对于被表彰者还是对于其家族，都是皇恩浩荡、光宗耀祖的一件事情，它在昭示被旌表者

旌表孝义敕封儒林郎晋赠中宪大夫优生王梦鹏之坊

德重恩弘的同时，也彰显着一个家族无比的荣耀。

因此，事情虽已过去了 200 多年，但对于有着深厚历史文化情结和淳朴乡风的古镇人来说，这坊、这祠，以及当年承沐皇恩，旌表乡里，昭告全国的孝义楷模王梦鹏，仍是他们居家教子，街谈巷议，以及对四方游客津津乐道的话题。那么，这牌坊的主人王梦鹏是凭着怎样的德行和事迹，打动了皇上的圣心，博得乾隆爷亲提御笔，颁旨建坊，青史留名。

第一节　养正之蒙

清康熙十九年（1680 年）农历十月初二，静升王氏第十四世孙王谦让的次子诞生。对于妻子张氏在婚后几年间连续为自己生下两个儿子，王谦让虽然表面上不动声色，内心却充满了喜悦。他喜欢男孩儿，认为自元皇庆年间（1312—1313 年），鼻祖王实孤身一人落户静升至今，王氏家族在 300 余年间能子孙繁庶、绵绵似续，发展成为 3000 余口人的豪门巨族，且"士者经史传家，英辈迭出；农者沃产遗后，坐享丰盈；工者彻通诸艺，精巧相生；商者逐利湖海，据资万千"，这都是王氏历代男儿的功绩。所以，他始终觉得，生男孩儿的意义不仅仅在于传宗接代，更是家族兴旺发达的基石和希望。为此，早在长子降生，并为之取名为"梦麟"之初，他就预备好一连串的名字：梦鹏、梦龙……梦想着爱妻能给他生出一个又一个超群拔萃的杰出人才，将王氏家族推向一个更加繁盛的境界。然而，令人遗憾的是，也不知道是什么地方出了问题，那个本来给王谦让带来无尽希望的妻子张氏，自生出次子梦鹏之后，就没有再给他生出一瓜半枣。

虽然多子的愿望最终落空了，但是从幼儿抓起，从孩子成长的环境抓起，从启蒙教育抓起，从小培养他们成为麟子凤雏的工作，王谦让却一刻也没有放松过。在父亲如此高标准的严格要求下，王梦鹏兄弟俩在幼年时期，就接受了中华优秀传统文化和王氏家族文化的全面教育与熏陶。

一、家族环境的影响

说起王梦鹏兄弟俩从小接受的教育，我们不得不先说说他们所处的家族环境。

王梦鹏兄弟俩出生的那个年代，静升王氏已成为一个庞大的聚族而居的家族体系。

这个家族体系的雏形，形成于明代初年。当时，明王朝天下甫定，百废待举。由于长期战争，导致人口减少和土地荒芜，老百姓财力俱困，元气大伤。为此，朱元璋接受大臣建议，推出了鼓励开垦荒地的政策，政策规定：北方郡县荒芜田地，不限亩数，全部免三年租税。而对于垦荒者，则由政府提供耕牛、农具和种子；并规定所垦之地归垦荒者所有，且免税三年。为了充分利用这个千载难逢的时机，发挥家庭男丁众多的优势，集中力量尽可能多地开垦荒地，改变贫困的家庭现状，壮大和发展家业，王氏第三世祖王温甫，就统领其七个儿子——思问、思道、思忠、思温、思恭、思义、思敬，在拥翠巷（王家巷）构建起王氏家族史上第一个大家庭，开启了王氏家族"同居共财"大家庭组织形式的先河。后来，虽然随着"大家庭滋生出新的小家庭，小家庭再繁衍为新的大家庭"，王氏家族的人口规模不断扩大，聚居区逐渐扩展，"阖族同巷""阖族同堡"、聚族而居的组织结构一直被延续了下来，且这些聚落多集中在静升村西，相互连成一片。这样，一直到王梦鹏弟兄俩出生的那个年代，鼻祖王实的这些后代子孙,瓜绵椒衍，虽然已经发展成五个支派、几百个大小家庭，族众总数达到了二三千人，但他们依然聚居在相对集中的几个堡巷中,按照前辈制定的族规家法,结合成一个严密的家族组织，比屋而居，风雨同舟，守望相助。

聚族而居，只是一种外在表现形式，凝聚族人的亲情，使整个家族形成一个以血缘关系凝成的坚强团体，才是最根本的目的。而要增强这种凝聚力，就必须培养全体族人的宗族意识。为了达到这样的目的，王氏家族建立了严谨的家族组织系统。他们在静升村西街创建了一座宗祠，在村里购置了一些族田，撰修了一部族谱，借助这三者来维系家族血缘关系，培养族人敬宗睦族、长慈幼孝、兄友弟恭、贫富相济、贤愚相敬的家族情怀。

历代王家人十分看重宗祠、族田和族谱在家族建设和发展中的作用。

在他们的心目中，宗祠是一个神圣而庄严的祭祀祖先的场所。在这里，通过祭祀共同的祖先，王家人在精神上增进了凝聚力，维系了家族的团结。同时，宗祠也是族人接受家族文化教育

王氏宗祠内景

的课堂和处理族中事务与矛盾的"公堂"。王家的族田，可分为学田、义田和祭田三类。学田收入一般用于族内子弟读书延师，义田收入主要用于救济贫困族人和举办族中的公益事业，而祭田的收入则用作年节祭祀祖先和日常祠墓的维护修葺。族谱作为记载整个家族成员之间的血缘亲属关系，以及历代先贤的事迹和族规家训的文献典册，则是家族血缘亲情、家族价值理念和家族传统文化的载体。

他们规定，每年的春节、清明节、七月十五、十月初一为固定在宗祠祭祀祖先的日子。届时，除患疾和外出谋生者外，凡族中年满 16 岁的男丁，均须按时参加，否则就要以不孝之名受到责罚。为此，每到规定的日子，阖族男丁就会准时聚集在宗祠里，拈香叩拜，庄重地祭祀他们共同的祖先。

在这里特别需要强调的是，每次祭祀活动结束后，还有一个不可或缺的议程——主祭者指派族中精通文理之人宣讲族谱；或者讲述祖先艰难创业的历史，宣扬那些为家族的发展和光荣做出重大贡献的先贤的事迹；或者宣讲家规家训和劝勉之词，以传统家族文化的价值理念教育族人。

为了让两个儿子及早接受家族礼教的熏陶，培养他们敦人伦、崇孝悌，成为王氏家风的继承者和光大者，王谦让在"二子甫能言""就教之尊尊长长"的基础上，于梦麟、梦鹏兄弟俩长到八岁的时候，就开始带他们参加宗祠的祭祀活动，让他们实实在在地感知家族制度体系，培养他们

敬宗睦族、孝敬长辈的道德意识。

清康熙二十七年（1688年）十月初一，是王家规定一年中四次（春节、清明节、七月十五、十月初一）在宗祠祭祀祖先的最后一次。而这一天，距离梦鹏八周岁生日只差一天。于是，王谦让决定第一次带他参加宗族的祭祀活动。

参加完宗祠的祭祀活动，在回家的路上，王梦鹏一直没有讲话，他的思绪还停留在刚刚结束的祭祖活动中。虽然他对祭祖活动中礼生所讲的"俯伏兴"等引赞词，以及族长读的那段祝文，多数都没有听懂，跪拜等动作也只是照着哥哥的样子做的，但尽管如此，在整个祭祀活动中，他还是感受到了祖先的神圣和威严，感受到了王氏家族的庞大和显赫，感受到了扎根于族人心目中的那种浓浓的家族情结，以及家族内部长幼有序、尊卑有别的严格的宗法礼制。特别是伯父宣讲族谱时所讲的那些人、那些事、那些道理，他不仅听懂了，而且在头脑中留下了非常深刻的印象。

从此之后，无论是每年四次在宗祠祭祖，还是每年两次的扫墓，以及族中组织的允许他参加的其他活动，王梦鹏就一次也没有落过。不间断地参加族群集体活动，接受家族文化和宗法礼教的洗礼，为梦鹏早期族群观念和孝友思想的形成产生了深刻影响。

二、家庭环境的影响

除了家族传统文化的影响，对于王梦鹏孝义思想的形成影响最大的，是其所处的家庭环境。

清代初期的静升王氏家族，不仅聚族而居的家族制度经过几百年的发展，得到了充分的发展和完善，其由王温甫父子最早构建的"同居共财"的大家庭组织模式，也被后来滋生出的很多家庭延续了下来。这些大家庭都十分重视对自己的子嗣进行道德教育，以便他们长大后按照"三纲五常""三从四德"的伦理原则来约束自己的言行，规范同家庭其他成员之间的关系。为此，在这种家庭组织中，有着更为严谨的管理系统和严格的管理制度与规范。特别是在孝悌等道德伦理的要求和教育方面，礼数涉及饮食起居、坐卧行走、言语谈吐等方方面面。

比如对父母亲的昏定晨省，这是为人子者无论年长年幼，每日必做的功课：晚间，在自己睡觉之前要先服侍父母就寝，早上起床后，第一件事便是到父母堂前省视问安。而这些侍奉父母的日常礼节，王梦鹏从懂事的时候起，就在长辈们的熏染下，习以为常了。

　　再比如走路，一家几代人在一起行走，必须依长幼次序，辈长、年长者在前面先行；在途中遇到长辈，做晚辈的必须垂首正立于路旁，让长辈先行通过。还有，晚辈遇到尊长来访，必须立即起身，站立一旁，让座敬茶，恭谨伺候，不可倨慢坐大；与长辈在一张桌子上吃饭，要让长辈先坐定，然后依次就座；吃饭时，长辈未动筷子，晚辈绝不可以抢先；夹菜时，每夹一次菜，都要将筷子摆放在桌子上，不可一直将筷子握在手中，更不准不停地夹菜吃；进食时必须轻嚼慢咽，不可发出声音……

　　当然，王家的家教不仅有关于家庭伦理方面的内容，而且涵盖到为人处世的各个层面，将家庭伦理与处世伦理、从政伦理等有机统一了起来，形成了具有其独特家族特点的伦理体系。不过，由于王家人认为：一个人如果在亲长面前能恪尽孝道，那么以孝敬之心从政，就一定能尽忠于国家；如果在与兄长的相处中能谨守爱敬，那么以这种爱敬之心事奉上级，对待同事，就一定会恭敬有礼；在家能把家务整理完善，使夫妻和、兄弟爱、族人亲、邻里睦，那么出仕做官，就一定能把一个地方治理得政通人和。所以，在所有的伦理道德教育中，王家人更注重家庭伦理的教育，把它看作是一切高尚道德形成的基础。

　　王梦麟、王梦鹏兄弟俩从一出生就生活在这样一个大家庭中。在这个大家庭内部，方方面面都建立有明确而严格的家规礼数。比如，父母翁姑与子媳之间的礼节、夫妇之间的礼节、长辈与晚辈之间的礼节、兄弟姐妹之间的礼节等等。

　　另外，王家的大家庭内部还十分注重通过集体生活，从小培养子侄之间的血缘亲情和兄友弟恭的相处之道，增强他们的大家庭观念。比如，吃饭时，把能够使用汤匙、筷子自己吃饭的孩子，另外集体安为一桌；再长大一点后，便让他们脱离父母，与同龄的孩子们在一起起居，过集体生活等等。

当时，王梦鹏的爷爷王炳然已去世多年，奶奶张氏作为家庭中的主母，管理全家的内务琐事和妇女。凡家中的炊饮、聘嫁等事，都由奶奶负责领导。

王梦鹏小时候，其父辈除最小的叔叔谦美尚在读书外，其余都已成年成家。而"总理家政"的工作都由大伯王谦受一人担当。大伯是一个集忠孝节义于一身的人，他不仅"制行雅，有儒者风"，"理家政同爨五十余年，寸丝尺布，未尝有偏，里人称之，士君子咸慕"，而且"家庭骨肉，交游酬酢，生人之大节也，内外无愧若公者"。尤其难能可贵的是，他具有一种浓浓的家国情怀和急公好义的高尚品质。

王梦鹏的父亲王谦让"十五岁丧父，事母至孝，与兄弟相友爱，待亲朋族党，恪尽其道"。他除了为大家庭"经理田园，不惮劳瘁"外，还有教授和督促辅导弟弟王正居和王谦美及子侄们读书的任务。为此常常"篝灯夜读，鼓励弗辍"。

三叔王谦和虽因协助大伯具体负责经理商贸，多半时间在河北、山东一带奔波，但他受大哥王谦受的影响，忠孝节义，品行俱佳。

四叔王正居一开始与父亲王谦让"耕读门里"，后来王谦让病故，家事纷沓，遂放弃学业，"以青衿终其身"。

在这个大家庭里，王梦鹏的父辈们，虽然分工不同，各司其事，但都在为这个大家庭尽心竭力地奉献着，谁都不计较自己所承担的工作的高低贵贱，苦累清闲。大家都能孝敬母亲，相互友爱，相互谦让，同甘共苦，全心全意地维护着大家庭的利益。

在这样的家庭氛围中生活、成长，王梦鹏兄弟俩从小便受到了良好的家风熏染，养成了良好的孝友之风，以及乐于行善的品质。翻阅有关记载王梦鹏生平的资料，便会发现，王梦鹏孝义的秉性，在很大程度上，是在其生活的家族和家庭环境中养成的。是与其父祖辈的言传身教分不开的。

这其中，有一件事和一个故事，对梦鹏孝义品德的形成，以及其成年之后在践行孝道中所表现出的一系列孝行，有着至关重要的作用。

这事发生在清康熙二十九年（1690年），王梦鹏十一岁的时候。这一年，年龄只有三十几岁的王谦让，渐渐觉得自己的体质在一天天下降，一

开始，很多以前不在话下的活儿，现在干起来竟会觉得很吃力，后来又反复出现发热、咳嗽、咯血、食欲减退等症状，虽然也接连找过几位郎中诊治，但病情不仅不见好转，反而一天天加重。自觉不久于人世，王谦让加紧了对两个儿子的教育。他希望在自己过世之后，两个儿子能够尽心竭力地孝敬母亲，而不致于让年纪轻轻就守寡的妻子后半生遭受凄苦。

农历七月十二日，王谦让将王梦鹏兄弟俩叫到自己跟前，告诉他们，第二天，也就是七月十三日，他要赶驴车，带领两兄弟到绵山脚下的介庙，参观由官府举办的祭祀介子推的活动。听说父亲要带他们出门，兄弟俩不知父亲内心的苦楚，竟兴奋得一夜都没有睡好。

第二天早上，在坐着驴车行往介庙长达 15 里的路上，父亲为他们讲了关于介子推的故事。这是在王梦鹏记忆中，父亲对他们兄弟俩讲话最多，也是最能体现父亲殷殷苦心的一次。父亲说：这介子推幼年时十分懂事，特别是在父亲去世后，只有十多岁的介子推，对母亲极为孝道，学业之余，总是默默帮助母亲分担家务。有时母亲生病，子推就昼夜不离地守在母亲床边，目不交睫，衣不解带，侍药喂饭，嘘寒问暖。平日，每天的早晨和黄昏，子推都要定时向母亲问安侍寝；年幼的妹妹有时惹母亲生气，子推就拉着妹妹同跪在母亲面前认错，必待母亲颜霁后才起来。如果发现母亲面带忧愁，子推就食不甘味，夜不安寝，必定问明原因，多方劝慰，待母亲欢心后才会放心。

长大后，介子推遵母命离开家乡，随晋国大夫赵衰走上了为国效力的道路。可不久之后，晋国就发生了"骊姬之乱"，介子推与赵衰等大臣保护公子重耳开始了长达19年的逃亡生涯。19年中，介子推对公子重耳忠心耿耿，甚至为救严重虚脱的重耳，割下自己大腿上的肉为之充饥。然而，19年后，当逃亡多年的重耳回到晋国，坐上国君宝座的时候，劳苦功高的介子推却放弃高官厚禄，默默地离开国都，回到母亲身边，他要把这20多年来未尽的孝道补起来，让母亲过一个幸福的晚年。

接着，父亲对兄弟俩说："介子推为了在母亲膝前尽孝，放弃了后半生的高官厚禄，看起来他是失去了，但他最终因为忠孝，被人们奉为一方之神，家乡人为他建起了庙祠，让他千年万代享受后人的祭祀和景仰。这样的忠臣孝子是不是值得你们效法呢？所以，爹希望你们能像介子推一样，懂得孝敬长上，特别是要懂得孝敬你们的母亲，因为她不仅给了你们

洁惠侯祠（介庙）

生命，而且在你们的成长过程中，倾注了伟大的母爱。而这种爱，是世上任何情感都无法比拟的，是永远也报答不完的。"

听了父亲讲的故事和这番话，王梦鹏对介子推产生了无尽的敬仰之情。特别是在参加祭祀介子推的仪式上，当他们看到府、州、县各级官吏不远百里，专程前来盛服祭拜介子推，地方百姓也对其顶礼膜拜、崇敬之至的时候，他和哥哥梦麟都暗暗下定决心，要像介子推那样，为孝敬父母、长辈，不惜牺牲自己的一切。

三、私塾的启蒙教育

除了家族和家庭的教育和影响，王梦鹏少儿时代在私塾接受的教育，也是他孝义秉性养成的一个重要原因。

如果有机会在王氏偌大的 11 个家族聚落中走走，你就会发现，这些家族聚落，无论其建筑年代早晚，每座堡寨、每条街巷，都建有至少一至两座规模不等的书塾、书院或者义学供族中子弟就读。其中，现存建筑年代最早、保存最为完好的，是坐落在明万历三十三年（1605 年）封闭成巷的钟灵巷内，一座名为"迓天休"的书院。但这绝不是王氏家族最早的

私塾，因为据史料记载，在那个时候，王氏家族已有王邦士、王时奋、王修、王大化等多人跻身贡生行列，而到了

砖雕匾额·迓天休

明天启年间，静升王氏已是"士者英辈迭出"了。

其实，从启蒙的角度讲，王家所有的私塾、书院，都十分注重对蒙童的培养教育，强调蒙童养成良好的道德品质和生活习惯。因为在王家人看来，孩子的健康成长离不开早期的教育培养，而启蒙教育的意义不仅在于读书识字、学习知识，更在于涵养正道，在于培养孩子高尚的道德情操。他们不认为读书只是为了科第仕宦，而是应把"明理"放在首位，要让孩子学做圣贤。

清康熙二十三年（1684年）正月十八日，是王家蒙馆开学的日子，这时，王梦鹏五岁，父亲王谦让就把他送进了由第十三世王攸宁创办的"向一斋"私塾，让他接受早期启蒙教育。

王家私塾的蒙学是从学"字书"开始的。这些字书包括《三字经》《百家姓》《千字文》等书籍。当然，字书也不是单纯就用来识字的，它本身的内容也很丰富。比如《三字经》就涵盖了中国传统文化的文学、历史、哲学、天文地理、人伦义理、忠孝节义等，而核心思想又包括了"仁、义、诚、敬、孝"。所以，孩子们在诵读《三字经》识字的同时，也了解了一些生活常识、传统国学及历史故事，以及故事所要告诉孩子们做人、做事的道理。

由于头脑聪明，加之在大家庭中专门负责督促、辅导子侄读书的父亲王谦让晨夕讲解，耳提面命，常常在饭后、睡前亲自考查，督责甚严，王梦鹏只用了两年多时间，便完成了"蒙馆"阶段的学习；到七岁时，开始升入"学馆"，在王攸宁的亲自教授下，学习《论语》《孝经》等儒家经书。

当然，王家私塾的启蒙教育内容，远远不局限于"孝悌"品质的培

养，而是对儒家思想的核心："仁、义、礼、智、信、恕、忠、孝、悌、勇"等的全面传授和教育。但由于本章内容只涉及"孝行"方面的内容，所以对其他方面的启蒙教育不做赘述。

在蒙馆和学馆的学习过程中，王梦鹏与族中的叔叔、兄弟们接受了一系列儒家思想和王氏家规家训的教育，为其孝义思想的形成，以及成人以后的为人处世风格奠定了基础。

第二节　六尺之孤

一、父病忧心，温席扇枕

王梦鹏的幼年时期是幸福的，充实的。他不仅在大家庭和谐而充满亲情的氛围中一天天长大，而且在家庭的熏陶和私塾先生、堂祖父王攸宁的教育下，一天天地懂事，一天天地成熟。然而，不幸的是，就在父亲带他们参加过祭祀介子推仪式的这年冬天，父亲身患痨病，卧床不起。

在父亲病重卧床的那一段时间里，只有十岁出头，本来非常阳光、活泼开朗的梦鹏仿佛变了一个人，在学馆，他整日愁眉不展，少言寡语;课余时间，常常躲在无人处一个人伤心流泪。而回到家中，他放下书包，就主动帮助母亲做家务，或坐在父亲床前，为他喂水侍药，扇枕驱蝇。他还像大人似的，每天晚上总是与哥哥梦麟一起，先来到父母居住的窑洞中，为父亲洗脸洗脚，擦拭身体。在服侍父亲入睡，向母亲道过晚安后，才回到孩子们集体居住的房间睡觉。而且每晚躺下后，梦鹏总是用被子把头蒙起来，双手合十，一遍又一遍地默默为父亲祈祷，央求老天爷能够让父亲转危为安，直至含泪入睡。每天早晨，梦鹏与哥哥会比其他同室的堂兄弟们早半个时辰起床，然后来到父母的居室里向父母问安，并帮助母亲打扫房间，为父亲洗脸洗手，喂药漱口后才去上学。

在这期间，有一回，王攸宁给私塾的孩子们讲尽孝不能等待的道理。他说，有一些事情，当你年龄小或年轻的时候，很难懂得它的重要性和紧迫性，可是当你意识到这一点的时候，有些事自己已经再没有机会去做了。古人云："亲年易迈，子道难全，与其椎牛而祭墓，不如鸡豚之逮存。"意思是说，父母生下我们，把我们养大，一转眼就老了，做子女的往往还没来得及尽多少孝心，父母就去世了。因此，尽孝要趁早，要从小的时候就做起，从一点一滴的小事做起。与其在父母去世后宰牛给他们做供品，不如趁他们在世的时候杀只鸡、买点肉给他们吃。

他举例说，《韩诗外传》中有这样一个典故：有一次孔子带众弟子出行，听到前面有哭声传来，这哭声听起来很是悲伤。待他们赶上前来一看，原来是一个叫皋鱼的人，站在路边哭泣。孔子问他为什么哭泣，皋鱼告诉孔子：自己从小喜欢学习，周游于各诸侯国，四处拜师，没有能好好照顾父母。如今，自己回来了，可"子欲养而亲不待"，父母已经都去世了，他再也无法得到孝敬父母的机会，所以在这里伤心。

王攸宁讲到这里，就听见孩子们中间有人时不时地发出哽咽之声，他循声仔细一瞧，原来是梦鹏趴在课桌上低声哭泣。这时，王攸宁才想起侄子王谦让病重的事，后悔自己讲课前没有考虑到这个小孝子的感受。为此，他走到梦鹏跟前，安慰他说："孩子，不必过分担心和悲伤，你父亲的病会好起来的，因为你已经做得很好了，上天会被你的孝心所感动，而让你的父亲一天天好起来。"

这件事过去之后，王攸宁逢人就讲，谦让侄儿虽然命运多舛，但难得生了梦麟、梦鹏这样懂事的孩子，特别是梦鹏，这孩子从小就懂得孝敬父母，以父母之忧为忧，以父母之乐为乐，长大后一定是一个大孝子。

二、皋鱼之痛，介子之风

然而，令人遗憾的是，梦鹏的一片孝心，并没有感动上天，清康熙二十九年（1690 年）冬末，只有 30 多岁的父亲，扔下两个年幼的儿子和不到 30 岁的妻子，撒手人寰了。这一年，王梦鹏只有 11 岁。

父亲的去世，让梦鹏幼小的心灵崩溃了。想到自己从此将永远失去父亲的庇护和慈爱，永远失去孝敬父亲的机会，他跪在父亲的灵床前，紧紧拉着父亲竹枝一样干瘦的手，呼天抢地，大放悲声。任凭亲友们怎样拉扯、劝慰，梦鹏就是不起来，引得屋里屋外的人都哭成一片。

在之后的几天中，梦鹏为失去父亲而整日沉浸在悲痛之中，水米不进，只是无休止地哭泣，直至几次因虚脱而出现昏迷。是伯伯、叔叔等人多方劝慰，告诉他眼下最重要的事，不是沉溺于失去父亲的悲痛之中，而是要和哥哥一道挑起家庭的重担，好好孝敬母亲，帮助母亲重建生活的信心。听了各位长辈的话，梦鹏这才逐渐从悲痛中站了起来。

安葬完父亲后，梦鹏仿佛一下子成熟了许多。他终于懂得了父亲在病痛中带他们祭祀介子推，并给他们讲介子推的故事，让他们效法介子推的良苦用心，明白了堂祖父所讲"皋鱼之痛"的缘由，和"子欲养而亲不待"的道理，并从内心深处萌生了一个坚定的理念：父亲不在了，从今以后，自己要用自己全部的爱，让母亲重新燃起生活的希望，让她的后半生活得幸福、健康、快乐。

首先，在办完丧事，梦麟回县学读书之后，梦鹏找了谦受伯，在获得他的同意后，他从堂兄弟们集体居住的宅院，搬回到母亲所在宅院的厢房中，与母亲朝夕相伴，替母亲解除忧愁，为母亲分担家务。

其次，梦鹏一改之前活泼好玩的习性，学业之余，多数时间宅在家中，有活儿就干点活儿，没活儿就陪在母亲身边。在父亲去世后的很长一

段时间里，母亲由于悲伤，食不甘味，席不安寝，身体一天天消瘦，一天天虚弱，梦鹏看在眼里，急在心上。他劝慰母亲说："娘，您可要坚强啊，我们弟兄俩已经没有了父亲，如果您再倒下，我们兄弟俩可怎么活呀！为了我们，您一定要珍重啊!"在梦麟、梦鹏兄弟俩的关心和劝慰下，母亲终于逐渐从失去亲人的痛苦和悲伤中走出，开始直面今后的生活。并在总理家务的同时，一改之前温柔慈蔼的性格，母兼父责，严慈相济，从品行培养和学业督促等各个方面担当起教育两个儿子的责任。

王梦鹏也渐渐从哀伤忧愁中走了出来，他以一个男孩儿特有的刚强，与母亲和哥哥一道，相互关心、相互鼓励，重新开始了新的生活。

三、寸草之心，感恩春晖

那是在父亲死后的第二年秋天，当时梦麟仍在 30 里外的县学读书，家里仍然只有 12 岁的梦鹏一人陪着母亲，不料，由于连续几日的阴雨天气，母亲因遭凉而患上了重感冒。一开始，梦鹏找来大伯母为母亲拔罐、刮痧，他还做了加入胡椒粉和姜末的清汤面，让母亲吃了发汗，可母亲的高烧总也退不下来。这一天，连续下了几天的雨突然加大了，屋里屋外一片阴冷，母亲睡在床上，身上虽然盖了两层厚厚的棉被，还是浑身直打哆嗦。看到母亲病得厉害，梦鹏急得像猴子一样坐卧不安。这时，他突然想起听人说过苏溪村有一个姓耿的老大夫，医术高明，便拿起一把伞，转身冲入瓢泼大雨中。

从静升到苏溪村，有大约十里远，其间道路虽然比较平坦，但由于连续多日阴雨不断，路上不仅泥泞难走，而且几处临沟的地方都被冲断了。梦鹏冒雨跌跌撞撞走了近一个时辰，才算找到耿先生的家里。耿先生备受感动，不顾大雨和年迈，毅然答应了梦鹏的请求。就这样，梦鹏一只手打着伞，一只手搀扶着耿先生，步履艰难地把他请到了家中。

之后，每隔两天，耿先生就会如期而至，为梦鹏的母亲张氏把脉开药。经过耿先生半个多月的精心治疗，梦鹏母亲的病一天天好了起来。那些天，梦鹏寸步不离地守在母亲身边，为她煎药喂药，做饭熬汤，诚可谓竭尽孝道。这些，都被耿先生看在眼里。因此，他的孝道美名也通过耿先

生这个走百家门的医者，传遍了四邻八乡。

在父亲去世后的几年间，梦鹏这个未成年的六尺之孤，对母亲真正做到了《弟子规》中所要求的：应不缓，行不懒。教敬听，责顺承。亲有疾，药先尝。昼夜侍，不离床……

第三节　嗣子之情

一、继嗣叔父，宛如亲生

清康熙三十三年（1694年），王梦鹏15岁。

当年，已成家20个年头，年近四十的王正居，尽管陆续娶了翟氏、张氏和曹氏两妻一妾。但三个女人都没有给他生下儿子。这在把"无后"看作是最大不孝的王家人来说，可不仅仅是一件只关系到王正居个人的小事，而是事关王氏家族的一个支系从此断门绝户的大事。

在封建社会，无子之家为了延续香火，一般会选择过继或收养的方式来解决绝户危机。但为了保持家族血统的纯正和家族财产不被外姓人继承，无论是国家层面的法律法规，还是家族层面的承继制度，不仅对过继和收养的对象范围原则上限制在同宗之内，而且规定了同宗过继遵循的基本原则是"由亲及疏、昭穆相当"。比如唐代以后各个朝代的法律，就基本遵循这样的规定："无子者，听养于同宗昭穆相当者"。而《大明令》更明确规定："凡无子者，许令同宗昭穆相当之侄承继"，且应遵循"先尽同父（衰）亲，次及大功、小功、缌麻，如俱无，方许择立远房及同姓为嗣者"的原则。这些规定，使得一些家庭即便在绝户的情况下，家族财产也可以由本族血统纯正的人继承，而不至于落于外族，同时，绝户一家的身份也能由血缘关系较近的人继承。

在规定过继对象与选择顺序的同时，"独子不得出继"也是封建社会继承制度中的一条基本原则。但这条规定也带来了一个难以解决的矛盾：一方面，法律要求"无子者，听养于同宗昭穆相当者"；另一方面，又原则上要求"独子不得出继"，这就使得弟兄俩只有一个男孩的问题无法得到解决，会直接导致无子之家绝户，且带来绝户之后家族财产充公的问题。为了解决这个现实矛盾，使得这种特殊情况下的继嗣问题得以有效解决，古人又创立了一种被称为"兼祧"的继嗣制度。

兼祧制，俗称"一子顶两门"。简单来说，就是指两个亲兄弟，如果只有一人有一独子，另一人无子，为了防止无子的兄弟绝户，经过族长的协调和双方同意，可让这位独子同时继承弟兄两家的宗祧，且两家各为其娶一房妻子。而两房妻子所生的儿子，各为两家祖父母的嫡孙，分别继承各家的财产，延续各家的香火。

在王家这样的大家族中，这样的例子，不仅多次发生过，而且有一件事还落在了王梦鹏自己身上。

前面讲过，王梦鹏的祖父王炳然共有五个儿子，长子王谦受、次子王谦让、三子王谦和、四子王正居，五子王谦美。在这弟兄五人中，老大王谦受、老四王正居都没有亲生儿子，按照晋中灵石一带根据昭穆制度形成的过继惯例，王谦受在弟兄中为老大，原则上只能过继老三王谦和的儿子作为嗣子，而老三王谦和，虽然有两个儿子——梦仁和梦简，但长子梦仁早逝，且没有子嗣。这样，王谦受要过继侄子为自己的儿子，就只有梦简一人可选，可梦简又是王谦和事实上的独子，在这种情况下，梦简就只好一子顶两门，既继承老大王谦受家的宗祧，又继承老三王谦和家的宗祧。而在具体身份上，作为亲生父亲，王谦和为王梦简娶了伏氏、任氏、王氏三个老婆。这三个女人，属于王谦和的儿媳妇，她们所生的男孩儿也相应地属于王谦和的嫡孙；而作为养父，王谦受也给王梦简娶了石氏、曹氏、景氏三个老婆，这三个媳妇，当然就属于王谦受家的嫡亲儿媳，同样的，她们所生的儿子，也就应该属于王谦受的嫡孙。不过，令人遗憾的是，王谦和的三个儿媳妇，先后给他生下中堂、中衡、中行、中立四个孙儿，而王谦受为王梦简娶的三个儿媳妇，却都没有能够给他生出嫡孙，最后，王谦受只好又从王谦和的三个儿媳妇所生的四个男孩儿中，将老二中衡、老四中立再行过继为自己的嫡孙。

王谦受无子的问题解决了，接下来要解决的就是王正居立嗣的问题。根据当地的继嗣惯例，老四王正居要过继侄子为嗣子，只能在老二王谦让的两个儿子中间做选择，由于有"长子不出门"的规定将王梦麟排除在外，所以过继王梦鹏作为王正居的嗣子，就成了不二选择。

在封建宗法制度下，将儿子过继给他人，就等于切断了亲生父母与儿子在身份关系与法律关系上的一切联系，换句话说就是，过继出去的孩子，在身份上就不属于亲生父母的儿子了。为此，对于要将自己养到15岁的儿子过继于小叔这件事，王梦鹏的母亲张氏心中充满了不舍。然而，在封建宗法制度的禁锢和族权、男权的统治下，张氏即使是百般不情愿，也无法改变《大清律例》的规定和族长的决断。

当然，不舍的不仅仅是母亲。作为从小就以孝敬父母而闻名乡里的王梦鹏，尽管从小到大，一直生活在大家庭的环境中，对叔父叔母的感情与父母也没有多大的差别，加之他自懂事以来，就接受了一整套封建礼教的熏染和教育，本来是不会有太大问题的。但十几年来，母亲对自己无微不至的关怀，使王梦鹏始终沐浴在母爱的温泉之中，特别是在父亲去世后的这几年，他与母亲朝夕相伴，相互关心照顾，更增进了母子之间的亲情。可以说，母亲，已成为梦鹏生命中不可或缺的组成部分，这种精神和血缘上的关系是永远也无法割断的。如今，要自己离开母亲，并从此将她改称

"伯母"，王梦鹏打心眼里接受不了。于是，他找到族长，希望他能想出一个两全之策。然而，族长的态度是坚定的。他说："孩子，我也理解你现在的心情，但这件事是按照老祖宗定下的规矩做的，是无法改变的！不过，我可以告诉你的是，今后你离开母亲，并不等于你就不能孝敬她，我们老王家一直提倡'亲吾亲，更欲由吾亲以及亲；长吾长，更欲由吾长以及长'，即使是别人的亲人和长辈，是和你没有任何关系的人，你都应当尊敬和帮助，更何况自己的生身母亲呢？不过，你在孝敬和关心她的时候，应当始终记住一点，那就是在今晚签过《过继文书》之后，你的身份就与现在不同了：以后的你，是王正居的儿子，而你的生母，以后就只是你的伯母了。"族长的话，对于每一个家族成员来说，就好像是皇上的圣旨，是铁板钉钉，不可改变的;他的表态，彻底粉碎了梦鹏想留在母亲身边的愿望。

当天晚上，在族长的主持和亲友族人的见证下，王正居与梦鹏的母亲张氏签订了《过继文书》。

签过《过继文书》，王梦鹏含泪长跪在地，向母亲磕了三个响头，然后随着养父王正居，泪眼婆娑地走出家门，开始了新的生活。

离开母亲，离开原先的家庭，其实并没有给王梦鹏的生活带来多大的改变，因为他只是身份上有了变化，而生活的环境依然是之前的大家庭，养父养母又十分通情达理，不仅不反对梦鹏回原来的家看望伯母，而且每隔一段时间，就会准备一些时鲜果蔬，让梦鹏给伯母送去。对此，年少的梦鹏在心中充满感激的同时，会在养父母面前表现得愈加懂事和孝顺。正如由翰林院庶吉士祝德全在《六翮王公传》中所记载的那样：在养父母"一如己出"的爱的感召下，梦鹏"事继父母益恭，犹子，左右奉养"。

二、三年守丧，死事哀戚

清康熙三十五年（1696 年），王梦鹏 17 岁，这一年，父亲王正居为他娶妻郑氏。

清康熙三十八年（1699 年）他的养母翟氏因病去世。

古代，父母逝后，孝子按礼须守丧三年。

王梦鹏为了表达对养母的一片孝心，他选择了守丧制度中最高标准——墓地结庐，守孝三年（27 个月）。在三年守丧期间，王梦鹏在母亲坟前搭了个小棚子，"晓苫枕砖"（睡草席，枕砖头块），无论春夏秋冬，严寒酷暑，一守就是 27 个月。其间，他没有回家吃过一顿饭，睡过一次觉，不仅每天吃住都在墓地，而且每饭必祭，每祭必诚。他坚守守丧规矩，三年间没有喝过一次酒，没有洗过一次澡，没有剃过一次头，更没有换过孝服，直至守孝期满，才蓬头垢面、衣衫褴褛地回到家中。对养母真正做到了生事爱敬，死事哀戚。至孝之声闻名遐迩。

对于古人守丧，当代人多认为是一种愚孝，其实，在当时，这是古人感激父母养育之恩的一种方式。孔子曰："夫君子之居丧，食旨不甘，闻乐不乐，居处不安，故不为也……子生三年，然后免于父母之怀。夫三年之丧，天下之通丧也。"从孔子的话中，我们可以看出，古人守丧三年的意义，在于表达对父母的哀思，回报父母的养育之恩。从这个角度看，我们对王梦鹏为继母守丧三年的举动就不难理解了。王梦鹏的幼年时代虽然是在生身父母的怀中度过的，但自从他过继到叔父门下之后，继父继母给他的亲情和关爱，超越了一般的亲生子。所以，王梦鹏为继母守丧三年，表达的是对继母的一片纯孝之情，感恩之意。因为只有这种纯孝之情和感恩之意，才是支持王梦鹏过完这整整三年与繁华世界完全隔绝，如僧如丐般的孤独、凄苦的生活的唯一精神支柱。

三、为尽孝道，终生不仕

清康熙四十一年（1702 年），在梦鹏三年守丧期满归家后的一天，王正居将他叫到堂屋中，郑重地对他说："孩子，你本来学业超群，如今，三年的守丧期已满，且在守丧期间，你结庐墓地，哀伤哭祭之余，专心汲古，苦读孔孟，非三鼓不就寝，目下正是考虑功名的时候。父亲希望你早做准备，参加明年秋天举行的乡试。"听了父亲的一番话，梦鹏说道："爹爹对孩儿的殷殷期望，孩儿自然懂得，但父母当初继我为子，原本为了让儿在膝前尽孝，如今，母亲已逝，孩儿再不能够为她尽半分孝心，岂忍再抛下父亲、二娘远游，重蹈'皋鱼之痛'的覆辙？"

在后来几十年的岁月中，满腹经纶，本来可以进入仕途的梦鹏果然没有食言，他不计个人前途，以孝敬父母为一生的天职，在总理家政的同时，做了一名平凡的传授经书的讲师（经师），始终守在父母身边，恪尽孝道，直至养父王正居、二娘张氏以及姨娘曹氏寿终归天。翰林院庶吉士、诗人祝德全赞之曰："王公讳梦鹏……纯孝人也……年十五，以昭穆为叔后，事继父母益恭……父母有疾，乞以身代，左右奉养，皆以寿终。殁后，丧葬尽礼，筑庐墓旁，必哀必敬，无异所生……"

第四节　敦睦之义

王梦鹏的孝，不仅仅表现在对父母的孝顺方面，还表现在对族中长上的关怀爱敬，以及对族人、亲友的相友相助上。由吾亲而及他人之亲，由吾长而及他人之长，由吾家而及他人之家，由亲亲到仁人，是王梦鹏孝敬和为善品质的又一个方面。

静升王氏是一个大家族，在王梦鹏那个时代，整个家族已经发展到数百个家庭，仅男性家族成员就达"千余丁"。虽然就整个家族而言，静升王氏无论是从士农工商那个层面上讲，都正处于辉煌时期，堪称灵石县数一数二的豪门望族，但在这样大的家族，贫富不一的情况还是存在的。特别是有些家庭，由于突然遭遇水火凶丧等横祸，导致衣食无着，生活陷入严重困难的情形也不乏其例。

王梦鹏是一个很有慈悲心的人。当地人对他的评价是"王梦鹏这人，平生不忍见恓惶人，每每遇到，总会出手相助"。有碑文这样称赞王梦鹏："公天性尚义，秉性仁慈，平日专意周急济贫，族人亲友乃至同乡异地落难之人受其惠泽者不胜屈指。"

一、老吾老以及人之老

王梦鹏孝行的另一个表现形式，是他把对父母的孝心，弘扬到整个家族尊长的身上。

这首先表现在他对年长和辈长者的关怀和尊重上。

王梦鹏家境充裕，但他对钱财看得很淡，总想着用多余的财物，去做一些自己认为值得做的事情。这些事，除帮贫济困、修桥补路等善事外，行孝于族中的长辈是很重要的一个方面。

据王氏族人讲，每年初冬，王梦鹏都会派出自家的骡马队，自费为族

中所有 60 岁以上老者的家庭，各驮送两驮炭块，供他们冬季取暖，以免老人们受冻。端阳、中秋、春节等传统节日，他还会提前为长辈们送上粽子、水果、猪羊肉等过节礼物。对于一些家庭生活困难或长期患病的老人，王梦鹏则会另外资助他们银两，用以帮助他们购置生活必需品和治疗疾患。

除过生活上的关怀和经济上的支助，王梦鹏对长辈的敬，在有着忠孝之风的静升古镇，更是被大家交口称誉，奉为楷模。

我们常常会遇到这样的情况，一些有钱人，让他们对贫困落难的卑贱之人施以金钱或物质上的救济或许不难，但要让他们对这些社会地位低下者予以充分的尊重，对他们"礼待"，就很难。比如，给一个穷困潦倒的亲友以一些财物上的帮助，多数人或许都不难做到，但是要你把他请到自己家中，敬为上宾，像侍奉父母亲一样地去侍奉他，很多人就做不到。

王梦鹏却不是这样，他对于家族或亲戚中的长辈，无论其富贵贫贱，总能一视同仁，以礼相待。特别是在那些曾经得到他帮助救济过的长辈面前，他更是多了许多恭敬、许多小心，生怕自己一句不恰当的话，一个不恰当的动作，伤害了他们的自尊心。

据王氏第二十二世族人王儒杰讲，有一年冬天，王梦鹏陪县令在古镇视察，恰巧遇到自己一位因在外经商不善，生意倒闭，刚刚落魄返乡的远房兄长。当时，这位族兄正穿着一身破旧的衣服，蹲在墙根下晒太阳取暖，看到梦鹏和县令走了过来，他便深深地埋下了头，生怕让梦鹏认出来难堪。不料梦鹏早已发现了他，并热情地走上前去，亲切地叫了一声哥哥。在简单了解了他目前的处境后，梦鹏脱下身上的棉袍，披在他的身上，并毫无忌讳地向县令介绍了老人和自己的关系，然后梦鹏热情地邀请族兄带着家人先到自己的家里暂住几月，待春节过后再另谋生计。

看到王梦鹏这样礼遇落难的族人，县令十分感动，他说："古人云：'对富贵之人不难有礼，而难有体；对贫贱之人不难有恩，而难有礼。'王老先生在灵邑也算得上是大富大贵之人了，能如此恩敬贫贱之亲友，真不愧是大孝大义之人啊！"

王梦鹏说："孔子曰，贫而无谄，富而无骄，'未若贫而乐，富而好礼者也'。好礼的人，对贫贱之路人亦可做到以恭敬待之，更何况对待自己同源同宗的兄弟呢？"

听了王梦鹏的话，县令对其更增添了一份敬仰。

王儒杰说，后来，王梦鹏亲自把落难的族兄一家接到自己家里，并像对待自己的亲哥哥、亲嫂子、亲侄儿侄女一样对待他们。春节过后，王梦鹏又拿出 20 两银子，资助族兄在古镇西街开了一家店铺，使他们在一年之后就摆脱了困窘的生活。

王梦鹏曾长期担任王氏家族及其分支火派的族长和房长。在静升王家，被推举担任族长的人，不一定是家族中辈分最长或年龄最大的人，但一定是在族中最德高望重的人。他总管全族事务，在家族中具有至高无上的地位和权威，宗族内部的管理和各项事务的主持都由他来负责。他还是制定和执行族规家法的主持人和监督人，有权对违犯族规的族人，给予家法制裁。

虽然作为一族之长，王梦鹏在家族内部有很高的地位和威望，但他在长辈和同辈年长者面前，从来不以族长自居，而是对他们崇敬有加。

据有关资料记载，王梦鹏在担任族长期间，每逢宗祠举行祭祀活动，他总是把宣讲族谱，特别是把弘扬"孝悌"精神作为一项重要内容，在很多时候，他还亲自登台宣讲，通过古圣先贤以及王氏先人在孝悌方面的事迹，教育族人"要恪守孝敬长辈之本分，力行尊崇祖先之人伦"，培养了王氏家族内部浓厚的孝悌之风。

他给族人讲古人"老吾老以及人之老"的典故，教育族人要像孝敬自己的父母一样孝敬家族中的长辈，真正做到长幼有序、尊卑有分。王梦鹏不仅常常以古人的孝行教育族人，而且时时处处以自己的言行为族人做出榜样。

王家有一位近百岁的老太太叫马梅，是王氏火派第二十三世孙王自修的妻子，由于她知道王家历史上的很多事情，曾在王家大院景区开发之初，为景区相关研究人员提供了大量鲜为人知的王家历史史实、人物典故、传闻逸事，所以被人称为"王家的活家谱"。前些年在世时，她就曾向王家大院的工作人员讲过这样一个故事。

她说有一回，一个从十几岁起，就随父外出做生意，辈分为王梦鹏的族叔，但年龄却比王梦鹏小十几岁的水派族人王之亮，回乡后多次听到大家赞扬王梦鹏尊敬长辈的话，私下里总觉得大家说的这些事有些玄乎，实在令他难以置信。于是便生出一个法子，想亲自试试这个王梦鹏是否真像大家说的那样，是一个入孝出悌的谦谦君子。这一天，他只身一人来到王梦鹏家门口，告诉看门家丁说："请回禀你们家主人，水派族人王之亮来访。"家丁来到王梦鹏的居室，禀报道："老爷，门口有一个年轻的族人来访，是将他直接领进来，还是您亲自去迎？"王梦鹏问家丁："来人可曾报上名号？"家丁说："他说自己属于水派，叫王之亮。"年近花甲的王梦鹏一听来人是水派的"之"字辈，属于第十四世，是自己的父辈，当即吩咐家丁赶快到门口小心伺候，自己即刻亲自来迎。

家丁走后，王梦鹏认真整理了一下衣冠，然后快步走到大门口，垂首抱拳，正立于门内一侧，口称："侄儿不知族叔来访，迎迓来迟，请族叔恕罪。"说罢，毕恭毕敬地将王之亮迎了进来。

那王之亮本来就是有备而来，要看看王梦鹏究竟是不是真能做到克己循礼，为此，在被王梦鹏迎到客厅落座之后，自恃作为尊长，处处摆出长辈的架子，言语间多有傲慢。而王梦鹏作为一族之长，则始终和颜悦色，站立在一旁，敬茶献果，小心伺候。后来，王之亮觉得自己做得已经有些过分了，而年已50多岁的王梦鹏却依然站在王之亮的座位旁边，唯唯诺诺，态度恭敬。最后，王之亮只得不好意思地向王梦鹏表达了自己"以小人之心度君子之腹"的歉意，希望得到他的原谅。

除了正面教育、率先垂范，王梦鹏也不忘严明族规家法，一旦发现族中有不养、不敬、忤逆，冒犯父母、长辈的不肖子孙，他就会行使族长的权力，严惩不贷。

据说，当时族中有一个人送外号"不立子儿"（静升一带土语，形容不务正业、品行不端、放荡不羁的青少年）的年轻人，赌博成性，在外面借了不少的"驴打滚"高利贷，一时间，招来很多债主上门讨债，逼得父母整日不得安宁。可这"不立子儿"不但不思悔改，反而在家中遭到父母训诫时，出言不逊，顶撞甚至推搡年迈的父亲，致使父亲倒地摔伤。

得到族人鸣告之后，王梦鹏立即派祠丁将"不立子儿"押到宗祠，在审明情况后，将其关押起来，并通知阖族老小，于次日午时，同诣宗祠，以家法严治。

第二天，王梦鹏在族中士绅的陪同下，向前来旁听的族人宣告了这个不孝之子的"罪状"，称他"不守本分，不谋生业，蝇营狗苟，罔法胡行，上辱祖先，下累宗族，且顶撞搋打父母，实属忤逆不孝"。并当场宣布"以家法杖责一百，予以惩戒。"并警告"不立子儿"，倘或再有肆行不法，合族禀官究治。

这是王梦鹏担任族长期间，仅有的一次动用族长权力，对族人实施家法的例子。从这件事，我们不难看出王梦鹏将"孝"看得有何等重要。在注重对族人"入孝出悌"正反两方面教育的基础上，王梦鹏还做了很多对家族、对长上、对族人有益的事情。

他躬先表率，携同中辉、中极两个儿子，先后带头捐出数千银两，购置了具有家族救济性质的义田并设立了义仓，"预积蓄以备荒，贮盈余以待赈"。

在担任火派房长期间，王梦鹏还带头捐银，设立了属于本房的救济基金，并订立了救济规条。这个规条，详细规定了针对本房各种贫困族人以及家庭的救济办法。后来，这个办法进一步发展成为火土两派共同的救济规条，并在两派共同创立的祠堂——敦本堂内勒碑留存。

王梦鹏以自己的所作所为，为王氏家族建立和形成长慈幼孝、兄友弟恭、贤愚相敬、贫富相济的家风，乃至为静升古镇淳朴民风的形成和发展做出了巨大贡献。从这个方面说，他不仅仅是王氏家族的骄傲，也是静升古镇民风建设史上的一面旗帜。

二、幼吾幼以及人之幼

清康熙丁酉年（1717 年），王梦鹏时年只有 40 岁的同胞兄长王梦麟，受族人公推，为兴建王氏宗祠，增广家族茔地"共总其事"。其间，他不辞辛劳，整日在两个工地上奔波，由于劳累过度，突发疾病，不治身亡。这一年，梦鹏的伯母（生母）张氏已年逾古稀，嫂子只有 25 岁，而梦麟的两个儿子，长子中枢只有七岁、次子中权才刚满周岁。这时，梦鹏虽然已经出嗣多年，但看到同胞长兄突然离世，年迈的伯母悲痛欲绝、卧床不起，嫂子杨氏"哀恸绝食，期以死殉"，两个侄儿嗷嗷待哺，梦鹏便主动承担起为兄长筹办丧事、安抚伯母和嫂子的义务。他对伯母和嫂子许下誓言："梦鹏虽已出嗣多年，但伯母生我养我之恩，梦麟兄的一腔同胞之义，二十年来，我一刻也不曾忘过；请伯母和嫂子放心，从今以后，梦鹏还是伯母的亲生儿子，嫂子的亲弟弟，孩子们的亲叔叔，我将承担起为伯母养老送终，赡养嫂子和抚育两个侄儿的责任，绝不会让你们因为失去我哥而受到半点恓惶。"

王梦鹏是这样说的，也是这样做的。从向伯母和嫂子立下誓言的那一天起，他就挑起了兄长卸下的重担，成为实际上的"一子顶两门"，在孝敬继父等的同时，又担负起伯母一家四口的衣食住行和孩子们读书就学、结婚成家等各方面的保障和供给的义务。对伯母，他嘘寒问暖，虽然不能日日昏定晨省，但坚持隔三岔五地前来探望，关怀无微不至；在比自己还要年轻十多岁的嫂子面前，梦鹏循循彬彬，洞洞属属，敬重有加，并时常派人来帮助嫂子干活，解决生活中遇到的各种困难，不让她因为失去丈夫而稍有为难；对两个侄儿，王梦鹏更是从生活上关心照顾，在学业上大力支持。为这个由两代寡妇、两个孤子组成的残破家庭操心操劳，一直到两个侄儿长大成人。

马梅老太太在世时曾讲过这样一件事：

有一次，王梦鹏在从邻居的传言中得知，两个侄儿中枢和中权在学堂里不用心学习功课，放学后常常和一班顽童混在一起，上树掏鸟，下河捞鱼，不务学业。听了邻居们的闲言，梦鹏在生气之余，深感自己没有尽到教育好两个侄儿的责任，自觉对不起早逝的兄长，违背了当初立下的誓言。于是，他专门将中枢、中权叫到家中，在晓之以理的同时，狠狠地训斥了他们一番。可过了些日子，他去书塾拜访先生，得知两人依然放荡不羁，学无长进。梦鹏觉得，自己作为两个孩子的叔父，尽管有教育他们成才的责任，却不好太过严厉，更不能像平时教训中辉、中起、中履、中极一样，对其棍棒相加。怎样才能让孩子改变不良行为，走上正路呢？梦鹏想了很多，最终他决定以自责的方式，促进孩子觉悟。中元节的这一天，梦鹏带着两个侄儿来到梦麟的墓地，他拉着两个孩子跪在梦麟墓前，痛哭着诉说自己失职，没有教管好两个侄儿，对不起早逝的兄长。梦鹏还用鞭子不停地抽打自己，说是向哥哥谢罪。两个侄儿看着整天为他们费心操劳的叔叔如此自责，深感羞愧和痛悔。他们跪在叔叔面前，痛哭流涕地请叔叔饶恕他们的愚顽，并在父亲的墓前立誓，从今以后，要谨遵叔叔教诲，刻苦学习，走正路，让九泉之下的父亲放心。

从此以后，梦鹏加强了对两个侄儿的监管，隔三岔五地了解和考核他们的表现和学业，两个侄儿也一改之前的陋习，变得刻苦、听话、懂事了，学业成绩也一天好似一天，成了先生眼中的好弟子，祖母和母亲眼中的好孩子，同龄人中的好榜样。多年后，两人都学有所成。中枢获衔"布政司理问加二级"，中权获衔"营千总"。

除为抚养培育两个侄儿费尽心思外，王梦鹏还对整个家族中孩子们的培养做了大量的事情。

王梦鹏十分注重子侄们的读书学习，他的四个儿子，次子中起、三子中履早亡，长子中辉、四子中极都是饱学之士。中辉为国子监太学生，铨注州同知之职，诰授中宪大夫。中极为贡生，布政司经历加二级，诰授奉直大夫，诰封中宪大夫、宣武都尉。

当然，王梦鹏对子侄的教育和培养，不仅仅局限于自己的亲子侄。正像人们所说：他是一个具有强烈的家族情怀的人。当他看到族中常有贫寒子弟无力入学读书的情况后，就多次带头捐银，并动员整个家族的力量，购置了学田，设启蒙义学于村西拱秀巷内，还预储了办学基金，延聘了塾师。凡族中贫寒子弟，不仅可以免费入书塾学习，还可获得灯油费、文具费等资助。特别是那些家境极端贫困，而学业成绩又很优秀者，王梦鹏还专门捐出一部分银两，每年为他们提供一定数额的衣帽费。与此同时，王梦鹏还用学田收入，对应举赴考的族中子弟助以衣服鞋帽、文具用品、路费斧资等。

他"幼吾幼以及人之幼"的善举，成就了王氏家族众多的孩子，使他们在家境困难的情况下，完成了学业，考取了功名，并由此改变了命运。

三、家吾家以及人之家

静升王氏作为一个拥有两三千人口的大家族，其中自然有贫有富，生活水平参差不齐。有一年初秋，王梦鹏的一个远房堂兄，因家中一时揭不开锅，孩子们吃不上饭，就偷偷到王梦鹏家的玉米地里偷掰玉米棒子，正好让梦鹏碰到；堂兄给他下跪赔礼，梦鹏将他扶起，在问明情况后，不仅没有责怪他，让他把偷掰的玉米扛回家中给孩子们吃，而且回到家中，又派人将两石玉米、两斗黄豆送到堂兄家，帮他渡过了难关。

此事过后，梦鹏想了很多，他觉得王氏家族人口众多，族中各家，贫富不一，而年景丰歉、天灾人祸又未可臆测，所以遇上荒年，族中常常有贫穷家庭的族人忍饥受饿，有的甚至被逼走上了逃荒要饭、为匪为盗之路。梦鹏心想，与其在灾荒发生后仓促应对，不如自己带头出资，动员富裕族人，捐出一部分银两，丰年时低价购进粮食，贮存起来，以备凶年周恤，这样即可防患于未然，又可节省银两，岂不是一个两全之策？打定主意后，王梦鹏就召集族中富户，动员大家各尽所能，有粮的捐粮，有钱的捐钱，并带头捐银 600 余两。在梦鹏的带动下，大家共捐粮捐款折银 1000 余两，设立了义仓。

王梦鹏的扶贫帮困不仅遍及本族，而且笃近举远，将义举推之母氏之族，及旁姓亲友中的贫寒家庭。亲朋遇到婚丧之事，有困难的，他出资相助。家贫无力偿还债务者，他当众焚毁借据，以解其后顾之忧。

清乾隆二十一年（1756 年），梦鹏已病入膏肓，但就在弥留之际，他又嘱咐长子中辉，再以 300 两银储于宗祠，以便逢歉时"以息济之，使贫乏者永赖"。

由亲到疏、由近及远，王梦鹏的孝行，从孝敬父母延伸到家族中的堂、族系的伯、叔、姑及其配偶，从母脉延伸到亲族中的外公、外婆、舅、姨等亲戚，甚至还延伸到邻里乡亲。

邻居有老太太孙氏，与王梦鹏的母亲交好，常来家与母亲做伴聊天，梦鹏对其十分尊重；后来，老太太年老守寡，梦鹏将她请到家中，与母亲隔壁居住，并承担起了赡养她的义务，平时与之言语、招待伺候"奉之若母"。

王梦鹏的善行义举，惠泽了族人、乡人，大家因他善行义举多端，议举其"孝义"，"请旌以为矜式（示范、楷模）"，但他不图名利，"力辞至再，其事遂寝，然颂声终不能已也"。

第五节　弘孝之举

一、建堡修谱，敬宗收族

清乾隆初年，已届花甲之年的王梦鹏，看到王氏家族由于多年发展，很多新建立的家庭，因老辈人创建的聚居区无法容纳，被迫搬离了原来聚族而居的拥翠巷、钟灵巷、崇宁堡等聚落，散居到偌大的静升村的各个沟沟岔岔里，有的甚至迁居到别的地方。他觉得，如果任由族人四处分散居住，长此以往，势必会影响家族的凝聚力，影响到族人的血缘亲情。于是，首倡兴建"恒贞堡"。

在得到大家的一致拥护后，王梦鹏便组织大家推举了筹建纠首，经过一年多时间的筹备，购得一块 37.5 亩的山坡，规划了大小院落 88 座，房屋 776 间，并于清乾隆四年（1739 年）开始了命名为"恒贞堡"的火派聚居区的兴建，最终在工程结束后，将在原聚落之外散居的火派族人多数都集中了回来，实现了"阖堡同宗"的目的。

在兴建家族聚居区的同时，王梦鹏还干了另外一件"敬宗收族"的大事——续修族谱。

据王梦鹏的四子王中极在清乾隆三十九年（1774 年）撰写的《族谱定本序》中说："王氏世为灵石之沟营村人，元皇庆间，祖诚斋公，始迁于本县之静升村。历传至今，凡二十余世。吾叔曾祖尔康公始为谱，奉诚斋公为始祖，而递纪焉。世系分明，名讳悉具，大纲细目，棋布星罗……然则……顾其中，燕兰巫胞，尚少厘晰，而鲛珠蒲芦，竟未删削。此虽先人忠厚之意，而按以大宗小宗之分，太原、琅琊之源，不免紊，且诬矣。甲戌（1754 年）春，先君子（指其父亲王梦鹏）捧阅至此，慨然兴感，思祖德之不可忘也，校订之不可缓也。节繁删冗，补苴罅漏，并为弁言简端，仍以世远族繁，未遽周悉，命余小子暂录一册，以俟详核订辑，永为定本。讵于乙亥岁（1755年），竟捐馆舍，而谱务未克告终。"

王中极这段话的大意是说，王家早年曾居住在灵石县沟营村，元代皇庆间，其始祖王实（字诚斋）才迁至静升村，至今已传到20余世。他的叔曾祖王攸宁（字尔康）最早为王家编纂了族谱，这部族谱虽然世系分明，名讳悉具，大纲细目十分齐全，但远近亲疏尚没有彻底厘清，有些还存在误差；更为令人遗憾的是，这套族谱并没有把散居外地的族人收录其中。甲戌（1754年）春，其亲王梦鹏看到这种情况后，慨然兴感，决定重新校订，删除了其中冗繁的部分，补上了一些疏漏的地方，但经过一段时间的艰苦努力后，还是因为世代久远，族人繁多而未能全部搞清楚，于是，王梦鹏就叫儿子王中极，在自己校订的基础上暂且整理出了一册简谱，并为其预先题写了序言，以备之后详细核实后再行编辑，作为定本。不料在乙亥岁（1755年）王梦鹏突然患病，没有能够完成心愿就于1756年去世了。

而在王梦鹏于清乾隆十九年（1754年）自己撰写的《重修王氏谱系序》中，更明确道出了其重修族谱的良苦用心："族何以谱？宗法废也。宗法废，而谱系立。谱系立，而源流昭穆明，谱盖可忽乎哉？王氏旧谱，创于吾四从叔祖尔康公……今且二十余世矣。誉髦杰出，功名磊落者，代不乏人。夫乃叹祖宗之培泽长，而谱之续编不可不急辑也。爰寻其端委，详其颠末，使大宗为小宗之统。而小宗各有其统；小宗为大宗之绪，而大宗自有其绪。亲吾亲，更欲由吾亲以及亲；长吾长，更欲由吾长以及长。于别白之中，得敦睦之意。自是传之久远焉。岁新而月增，尤有望于之克振家声者。故序。"

从这段话中，我们不难看出，王梦鹏之所以在第十三世王攸宁初修族谱的基础上，复辑勘校，重修族谱，其主要的目的在于使族人"于别白之中，得敦睦之意"。"亲吾亲，更欲由吾亲以及亲；长吾长，更欲由吾长以及长"，从而达到弘扬孝道的目的。可惜他未能完卷就罹病不起，因此他的这个"弘孝之举"最终未能亲手完成。于是，在临终之前，他将这项任务郑重地交代给了四子王中极，最终王中极经过33年的艰苦努力，终于在清乾隆五十五年（1790年）正式完成了《王氏族谱》的续修工程，了却了父亲的遗愿。

二、传经授道，户外履满

位于静升古镇拱秀巷西，道左沟东，现仍保存完好的一座院子，据史料载，当初是一座启蒙义学，该义学最初由王氏族人第十五世孙王梦鹏捐资兴建。义学建好后，王梦鹏还为学校预储了办学经费，用于延聘明经儒师和日常开支。更值得特别称道的是，他还长期担任义学的经师，数十年如一日，义务向学生们传经授道。在教学中，王梦鹏"循循善诱，终始不倦，弟子行成名立者甚众"。有的史料甚至说生徒们"经其指教皆成才"。

不仅如此，为了扩大受教育面，培育淳朴民风，王梦鹏还于农历每月逢六的日子（初六、十六、二十六），定期在古镇文庙面向成年人义务举办讲座，将传经授道的范围由少儿扩大到中青年，甚至老年人群体中。把传授儒家思想和中国优秀传统文化，推动淳朴民风和良好社会风气建设，作为其一生中最崇高的事业。

王梦鹏所授经书，以儒家经典《易》《诗》《书》《礼》《春秋》《左传》《公羊传》《谷梁传》《礼记》《孝经》《论语》《孟子》《尔雅》等十三经为基本内容，其教学指导思想，是宣扬仁、义、礼、智、信、恕、忠、孝、悌的儒家思想，培养生徒"性服忠信，身行仁义，饰礼乐，选人伦，上以忠于世主，下以化于齐民"。

他知识渊博，具有深厚的儒家文化功底，在授课过程中，常常引经据典，旁征博引，借古鉴今。为了让各个文化层次的人都愿意听、能听得懂，他尽最大可能将自己的教学风格大众化、生动化、通俗化；生徒们听他的课，不仅有耳目一新，如醍醐灌顶，茅塞顿开的感觉，而且如听戏、听故事，是一种美妙的享受。所以，作为一名优秀经师，王梦鹏可谓闻名遐迩。而随着其名声的逐步扩大，前来听他授经的生徒范围也越来越广，除本镇、本县之外，还有周边介休、沁源、平遥、霍州等外地人，为了能够现场聆听王梦鹏的精彩演讲，不远百里，慕名前来。为此，有史料记载他"为经师，授经里中。远近从游者，户外履常满，耆老依仗听"。

俗话说，"经师易得，人师难求"。比如，王梦鹏讲孝道，他首先就是一名远近闻名的孝子，是大家公认的"人子楷模"；他宣扬"敬宗收族"，他待宗族，就"如身之有四肢百体，务使血脉相通，而痒疴相关"；他讲为善，自己一生就乐此不疲，做了数不清的善事，帮助了数不清的人。

更难能可贵的是，他在讲课中能博观约取、厚积薄发，自出机杼而不囿陈见。对于古人宣扬的一些处世理念，王梦鹏常常能取其精华、去其糟粕，批判地继承。比如对于孝道，王梦鹏有他自己的理解，对所谓吴猛"恣蚊饱血"、郭巨"埋儿奉母"、王祥"卧冰求鲤"等愚孝行为，旗帜鲜明地予以反对。这在300多年前，人们为了表现自己的孝道，无所不用其极的封建社会，实在是难能可贵的。

王梦鹏认为，同一先人的后代组建成一个大家庭，其意义：一在于增进家族成员之间的血缘亲情；二在于集中大家的智慧和力量，发挥所有家族成员的特长，让具有各种才能的人都能有所作为，各尽所能，办好家庭各个方面的事情；三在于保障家族所有成员，无论聪慧还是愚笨，健全还是残疾，平安还是灾病，都能过上相对安稳的生活。他举例说，静升王氏之所以"业大"，主要得益于"家大"。家大，人就多；人多，就不缺乏各方面的人才，这就为王家士农工商全面发展提供了必要条件；反过来，王氏之"业大"，又促进了"家大"。比如上年粮食歉收，但买卖的收入却很好；今年茶马买卖不景气，但粮盐生意出乎意料地赚钱。这就保证了我们这个大家族，不会像一般单纯经营某一行业的小家庭一样，因为一年一度、一行一业的不景气而一蹶不振。所以，大家都觉得能够在一起组成一个大家庭，是一件好事，一件让大家都高兴、都受益的事。

王梦鹏还说：大家庭存在的意义，不在于其形式，更不在于其规模的无限扩张，而在于这个家庭的家风，在于这个大家庭对所有家庭成员生存和发展的实际意义，更在于培养所有家庭成员的"孝悌"意识。那么，什么是孝悌？孝悌对有本事、有才能、会致富的家族成员来说，是一种心甘情愿的、乐于为大家庭的整体利益做贡献的情操；而对没本事、愚钝、生活能力差的人来说，则是一种感恩的具象之载体。有才能的人乐于奉献，生活能力差的人心存感恩，天下就无不友之兄弟，无不和之族人，无不爱之民物。

在几十年的传经授道生涯中，王梦鹏围绕恕、忠、孝、悌、仁、义、礼、智、信、勇等儒家思想核心，从存养、持躬、敦品、处世、接物、齐家、从政等各个方面，全方位向生徒进行传统道德品质教育。他以自己高深的学问，伟大的人格和高尚的修养，给生徒们以潜移默化的、终身受益的影响和感化，为一方一邑构建优良乡风、民风，促进民间道德风尚建设进行着毕生的努力。与此同时，王梦鹏在几十年的传道授业生涯中，也完善了自我，实现了其人生境界的升华。

古人云："以财分人谓之贤，以德分人谓之圣。"王梦鹏不仅能以财分人，更能以德分人，所以他不仅无愧于"孝义"的美誉，而且无愧"圣贤"之称号。

第六节　身后之荣

清乾隆二十年（1755年）冬，一贯身体健康的王梦鹏患上了腹疾，后来又发展成为痢疾，虽然经过一个冬天的治疗，病情于乾隆二十一年（1756年）春天有了明显好转，但自觉不久于人世的王梦鹏，还是在清明节期间，将中辉、中极两个儿子叫到一起，就"行孝于家族、勤廉于政事、为善于世人、尽忠于国家"等诸方面事宜郑重其事地留下了遗言。其中，在"行孝于家族"方面，他要求两个儿子在其死后务必做好三件事，以完成其未竟之心愿：其一，"统阖族而详为谱"，尽可能无一遗漏地联络到散居各地的族人，完成其未能完成的族谱纂修工作，以壮大王氏望族，传承先祖嘉德，弘扬王氏家风；其二，增扩义学规模，以解决更多困难家庭孩子的就学问题；其三，捐出有余不尽之财，在家族义仓和地方社仓不断注入赈济基金，用于救急救贫。

对于父亲的嘱咐，兄弟俩表示一定会照办。但看到父亲身体日渐康复，所以对于他认为自己不久于人世的话，中辉、中极两兄弟并没有当回事。不料没过多长时间，在这一年的农历五月初三这一日，王梦鹏竟在谈笑中突然离世，一代耆宿大贤走完了他77年平凡而伟大的人生路。

王梦鹏走了，给人们留下的是深切的怀念和无尽的哀痛。在其去世后到出殡前的七天中，前来吊唁的人络绎不绝，摩肩接踵，其中既有与其朝夕相处的故交，也有未曾谋过面的生人；既有达官显贵，也有平民百姓；既有其教授过的生徒，也有其救助过的乡亲……

礼部尚书彭元瑞、刑部尚书胡季堂、礼部侍郎刘跃云、宗人府丞曹学闵、福建观察李永祺等各级政要还寄来挽诗，在为王梦鹏的逝世表示深切哀悼的同时，对他的一生予以了高度评价。

出殡那天，恒贞堡内外更是名流萃集，冠盖如云，灵石县、霍州、平阳府及周边州县的大小官员自不必说，连京城都来了不少的显贵，这其中就有国子监监丞孙扬淦，翰林院侍讲学士周长发，翰林院庶吉士，散馆侍讲祝德全等诸多名人高官，而且孙扬淦还以"古之遗直"为之题写了挽额，周长发为他亲笔撰写了墓表，而刘墉则为之题诗悼念。诗中称赞王梦鹏"志节独垂千古后,操持只在五伦中……争羡天章荣处士,馨香至德永褒崇。"

除过名人高官，那些认识的、不认识的，本地的、外乡的送殡人，多得屯街塞巷，张袂成荫；除本家孝属外，仅在灵柩前执绋送殡的队伍就多达近千人。其中，披麻戴孝者，有王梦鹏各个时期的生徒 300 余人，曾经受过王梦鹏特别恩惠的感恩者近百人。其次，还有绅商各界以及王梦鹏生前友好逾 200 余人，王氏属下各家商号的代表 200 余人也列队于执绋送殡的队伍中……

出殡沿途，社会各界临时搭建的路祭棚就有六座，村民乡亲以及曾经得到王梦鹏帮助的家庭和个人，在街道上摆的路祭桌更多达百余张，从西街入口到东街出口，街两旁站满了等待祭祀的人。故此，送殡队伍走走停停，不足五里长的街道，竟走了一个多时辰。

人们在祭祀和哀悼逝者、观摩葬礼的同时，也感受到了一个道德楷模所获得的荣耀。

在葬礼过后的一段时间内，王梦鹏其人其事成了古镇人街谈巷议的话

题，人们将其奉为静升古镇一面集仁、义、礼、智、信、忠、恕、孝、悌等优秀品质于一身的旗帜和引领古镇良好社会风气的标杆，纷纷提议各级官府举其孝义。清乾隆四十五年（1780年）九月，山西巡抚喀大中丞应地方百姓和县、州各级的请求，将王梦鹏的善行义举表奏朝廷，"请旌以为矜式"（请求予以旌表，以作为世人效法、示范的楷模）。乾隆皇帝在阅过奏章后，深为王梦鹏一生孝悌于家族，施义于世人，贻德于后世的事迹所感叹，于是亲颁御旨，准为王梦鹏建"孝义"坊，以表彰其孝义品德后又建孝义祠，于清乾隆五十一年（1786年）孝义坊建成，嘉庆元年(1796年)，孝义祠竣工。

自孝义坊、孝义祠建成后，便成了历代古镇人心目中的圣地，多少年来，父携子，弟随兄，族长带族人，先生领生徒……前来拜祭、怀念、感恩王梦鹏，以及借此教育后人的各种活动，就一直没有中断过。

正如翰林院庶吉士、诗人祝德全在其所撰写的《六翮王公传》中所赞的："匹夫为善于乡，闻其德，而善良者几千人。使天下各郡县，皆有如王公其人者，吾知闻风慕义，遍于闾里，天下各郡县吏皆可从容而理矣!然则王公之学行卓卓，足以型家励俗，虽居高爵、膺重禄，其有济于时者，亦无以加于此也，又何必以及身之遇，不遇，为得失哉!"

祝德全说的没错。的确，王梦鹏只是一介"匹夫"，他一生"不举不仕""青衿终老"，没有获得过一官半职，也没有什么轰轰烈

「孝义」坊

烈的业绩和惊天动地的壮举，但其"仰不愧天、俯不怍地、左右不负于人"的处世理念，乐善好施、孝义双全的美好德行，以及他毕生从事教育，以道德的力量，春风化雨般地为改良家风、乡风所做的努力，足以"型家"，足以"励俗"；他浑金璞玉般的品质，影响了一族之家风，也影响了一方、一邑之乡风。他的孝悌、乐善、尚义，对于当时以及之后几百年间王氏家族、静升古镇，乃至灵石县的优良家风与良好社会风气的形成和发展来说，即使是那些"居高爵、膺重禄"的社会精英们，也无法比拟的。为此，人生的价值，又怎么能用曾经当过多么大的官米作为标准呢？从这个意义上说，当初曾力劝儿子参加科考，并盼望他借此立身扬名、光宗耀祖的王正居，当死无遗憾，含笑九泉了。

王梦鹏走了，王中辉、王中极两兄弟没有忘记父亲的临终遗言，他们继承父亲的遗志，为家族、为乡里做了大量的善事。

我们先说王中辉：

父亲去世后，王中辉于当年就分别捐银各300两于王氏宗祠义仓和静升村社仓，备作荒年赈灾救民的基金。

清乾隆二十四年（1759年）山西大旱成灾，"灵石尤甚"。为救灾赈饥，王中辉"偕同志者移粟相给"，赴河南，奔山东，异地购粮买粟，运回家乡，或计口给粮，或设棚施粥，"全活无算"。同时，为保以后遇荒救灾赈饥有资，王中辉又"慨然倾囊""复出己资"，再次捐银400两于族中、村中。总计前后，王中辉共捐银"不下千余金"。

清乾隆四十四年（1779年）春大旱，眼见夏粮无收，为救民于水火，王中辉虽已病入膏肓，在一个多月后就离世归天，但他仍念念不忘穷苦乡亲，再次捐银千两救灾赈饥。

再说王中极：

父亲去世后，王中极捐金添建义学房屋23间，扩大招生规模，延师以训无力读书的族中子弟。

王梦鹏在世时购置的六亩义冢，因埋葬的死者较多，空地已显不足，为此，王中极又买进六亩，供请不起坟地的穷苦人家无偿使用。

王中极还恪遵父志，从父亲去世四年之后的清乾隆二十五年（1760

年）始，不辞辛劳，不厌惮烦，谒祖庙，拜茔域，稽陈籍，访耆老，拓碑文，誊户册，走山东，访河南，毕 30 年之功，终于在清乾隆五十五年（1790 年）重修出堪称鸿篇巨制的存厚堂《王氏族谱》，"令子贤孙翻阅是谱，由是而睦宗祖，厚风俗，于以成一乡之善士，一国之善士"，完成了父亲弘扬孝道家风的临终遗愿。

当然，继承王梦鹏遗志的不仅仅有他儿孙和族人，还有他所有的乡党。经一代又一代古镇人的传承和弘扬，王梦鹏的孝悌品德，不仅发展成为王氏家风的重要组成部分，而且成为民淳俗厚、比户可封的古镇人所共同追求、崇尚和践行的一种道德观念。

善行义举

第一节　风厚尚义

耳濡目染王氏家族先辈风厚尚义之善行，王梦鹏时时牢记于心。年岁尚幼之时，王梦鹏常常听到家人、族人、村人讲述王氏始祖王实救风水先生于街头的故事：

元皇庆间（1312–1313年），躲过元大德七年（1303年）八月初六日夜平阳府赵城（今属临汾市洪洞县）八级特大地震之灾，从灵石县南汾水之畔的沟营村（今称沟峪滩）起始，流浪近十年的鼻祖王实最终落足静升村西，农耕之余以卖豆腐为生。某日，肩挑着自己精制的豆腐行走在静升村街头，口中呼喊："卖豆腐来！卖豆腐来！"村人听见，多来拣选购买，很快挑担桶中豆腐已售出一半有余。转而前行，忽见街头路边躺着一位白发老人，面色苍白，闭目喘息，颤抖不已。王实迅捷地放下豆腐桶担，去扶老人。询问时，老人言语不清，细听口音不是灵石、介休当地人士。救人要紧，王实随即请正来买豆腐的一位长者照看一下自己的豆腐桶担，立

即扶起老人，背回自己租住的家中，让其躺卧炕头，喂水喂饭，悉心照料。

对于王实救助这位素不相识的老人之举，替他照看豆腐桶担的长者看在眼里，感动于心，很快代王实将所剩豆腐出售一空，遂将得钱和空桶担送到王实居所，又遵王实之托请来医生，为老人疗疾。

自此在医生的指点下，在那位长者的协助，王实给互不相识的患病老人熬汤煮药，换衣洗裤，扶起扶坐。在王实如亲人般的侍奉、调理、关心之下，老人身体一天天好转起来。然风厚尚义的王实不放心老人这就离去，他要老人彻底康复，再上路返乡。老人见王实情真意实，也就安心住了下来。

老人是位风水先生，为报王实的救命之恩，康复后的他，没有立即返乡回家，而是或帮王实磨制豆腐，或行走在静升的山水之间，为王实选定了村西街北槐荫拥翠之风水宝地，待后购置，以掘窑建宅；又为之选定村北山之巅的鸣凤塬为身后的墓葬茔地。老人以其精良的风水之术了却了心愿，准备返乡。为保老人返乡路上无阻，王实以卖豆腐所得之钱赠之，送至村外大路，方与老人挥泪告别。

王实的善行义举感动了村人，特别感动了那位与他一起救助风水先生的长者。这位长者托人向王实提亲，将自己闺中爱女嫁王实为妻，是为梦鹏的始祖母奶奶。

王实夫妇俩举案齐眉，相敬如宾，合力经营豆腐坊。王家豆腐真材实料，白中透黄，坚嫩可口，味道纯正，无论凉拌热炒都成丁成块，不会轻易裂碎。王实精制豆腐之技代代传承下来，王家豆腐成了古镇静升的特色菜肴。数百年后，来王家大院参观的游客食毕，皆赞不绝口。

灵石县境之民"风厚""好义出诸天性"，静升王氏先祖的善行义举更令世人"啧啧称道"不已。为让好义之风代代传承，王梦鹏仔细读阅了族祖王攸宁于清康熙二十七年（1688 年）纂修的《王氏族谱》，调查了王氏先祖的善行义举，整理出家族世系传承，抄录了相关的志书碑文，于清乾隆十九年（1754 年）春三月由他"薰沐敬序"了《重修王氏谱系序》，对先祖业绩王梦鹏全都牢记在心。

如第七世祖王演在明正统、景泰之年运粮实边，在兵部尚书于谦组织的北京保卫战胜利之后，王氏商贾队伍经济收入丰厚，成为当地富家翁。为报答皇天后土圣母神灵之助，王演与父王贤及弟王伦、王林等多次出己资重修村西后土庙和救助村中族中贫寒之家。

静升文庙奎星楼

又如曾攻读诗书于静升村文庙的第十二世祖王大纪与其孙王斗星多次重修村中天下少有的乡村庙学之设，使里社生员攻读有址。

还有，第十三世祖王佐才创办义学于绵山之麓的介庙之侧，并置立学田 20 亩为老师的薪水之资；创建通济桥于静升小水河上，使行人南来北往无阻，又助建奎星楼于本村文庙内，以增村中文气。第十三世祖王兴旺于清康熙八年（1669 年）因村民贫苦，无力交纳"应役者代耕之资"，出己资全部代交，并又捐重金重修后土庙，以求年年丰收，村人康乐。王梦鹏的三叔王谦和也于清康熙三十二年（1693 年）创建王氏宗祠前小水河上之桥，以通行人，村人称该桥为"王公桥"，并立碑亭于桥头近侧，额书"德寄波澜"，联云"两岸翠屏山色秀，一条碧玉水光寒"。

"德寄波澜"匾额（拓片）

所有这些先祖族人的各项善行义举，王梦鹏都一一抄录整理在册，或录入其所修纂的清乾隆十九年（1754 年）的《王氏族谱》之中，或为《灵石县志》

等地方志书提供资料入册。

对于先祖的风厚尚义，代代传承之例，王梦鹏与族中兄弟子侄都一一牢记在心，并付诸行动之中，发扬光大，誉播桑梓。

第二节　扶危济困

王梦鹏生性慷慨，扶危济困之行常见，无论是族人、村人还是异乡之民有难，只要他遇之都会解囊救助解困，至于亲朋婚丧嫁娶银钱有缺，定然相助相帮。因此，在乡党朋辈之中，大家不直呼其名，人人称他"王先生"，对"王先生"人人感其恩德，敬重有加。

某年，商界好友资金有缺，王梦鹏闻之，立即以巨资相助，商友的贸易行再次起步，前景在望。"月有阴晴圆缺，人有旦夕祸福。"商友由于劳累过度，突发急病，在走西口的路上不幸辞世，其子"千里扶梓（棺木）"悲苦回归家乡。王梦鹏闻之，不胜悲痛，立即奔赴其家，助其子将商友厚葬，并为之题书挽联云：

齿德兼尊犹执谦恭延后辈；

典型具在尚留声望属商家。

为解商友之子的后顾之忧，他请其取出其父先时借银之"遗卷"，当众焚毁。之后，王梦鹏又助商友之子再次起步，娶妻生子，日子过得红红火火。

人祸有之，天灾亦有之。清康熙三十二年（1693 年）四月，灵石、介休等地大旱；康熙三十四年四月初六（1695 年 5 月 18 日），山西平阳府所在地临汾发生八级特大地震，波及全省及周边，灵石有不少民房倒塌；康熙三十六年（1697 年）夏季，又大旱成灾。其时的救灾赈饥工作多为父辈行动，当时只有十来岁的王梦鹏与兄长王梦麟、堂弟王梦简等全都追随左右，遵令而行，或救灾发粮，或助修塌房，使他们从小就从心里埋下了扶危济困、厚义尚德的种子。

清康熙五十九年（1720 年），灵石、介休、孝义等地又遭旱灾，"禾苗未长"；康熙六十年（1721 年）前半年大旱成灾"小麦无收"后半年则

暴雨连绵，静升河谷地被洪水漫淹，上等水浇地颗粒无收；康熙六十一年（1722 年），夏秋大旱，并伴有瘟疫，连年的自然灾害给家乡百姓生命财产造成重大损失。为救灾救民，梦鹏兄弟等王氏族人多次派马帮、驼队外出购粮，前两年平价出售，以解当地百姓口腹之需，同时发放种子，以企来年收成。到第三年则计口给粮，并购回药物，请来医生救治感染瘟疫的病人。这三年旱灾之时，静升河两岸沃田全都停止灌溉，让河水西流入灵石县城，以保城中百姓及衙署的生活饮食用水。

在王梦鹏的带动下，这期间王氏族人都纷纷出资、出力救灾赈饥，扶危济困。查考清嘉庆版《灵石县志》，可见"王麟趾，邑庠生，候选州同。清康熙六十年（1721 年）学宫圮于水，独力修葺。又静升村南田千亩，没渠灌溉，捐资置地二十亩，蓄水通渠，至今合乡分享水利"。这蓄水池在村南今灵石一中以东，也正因有了这蓄水池，当年邻近田地种植水稻，泉流灌溉达数十亩之多，所产水稻可与太原晋祠之稻比美，享用者赞不绝口。

又有，"王生炯，端方仁厚，济困扶危，每出资代营族里间婚丧。岁歉赈饥数次，里人共为刊石。且修桥梁道路，虽霍（今霍州市）介（今介休市）邻境，不惜捐资以成其事。年七十生子如琨，官粮马通判，九十抱孙臣敬，官长芦盐运同。咸以为阴德之报。"

……

"宗族乡党贫富不一"，"天时难测，未免旱涝之灾"。清乾隆二十一年（1756年）年，已77岁的王梦鹏与堂弟王梦简两人捐银700两，请村内族中公正贤达经理，平日放贷生息，"倘遇歉岁，以息济之，使贫乏者永赖"。这一年的五月初三，"仰不愧天，俯不怍地，左右不负于人"的王梦鹏老先生谈笑而逝，回归天界，走完了他平凡而伟大的人生路。

三年之后的清乾隆二十四年（1759年），全年大旱成灾，颗粒无收，是王梦鹏、王梦简的救灾基金纾困解难，又购回粮种，发放各家。次年，村人，族人播种及时，更兼这一年风调雨顺，家家户户仓满囤盈，男女老少笑逐颜开，人人追忆王梦鹏、王梦简兄弟的美德。

有长辈王梦鹏、王梦简等做出了榜样，其后世子孙纷纷效仿，仅乾隆年间就可见王氏捐银者有：

王如玑捐银100两，

王中堂捐银1000两，

王中辉捐银400两，

王世泰捐银300两，

王中行捐银250两，

王汝梅捐银250两，

王汝为二次捐银550两，

王如琨二次捐银450两，

王中极二次捐银240两，

王炳文二次捐银250两，

王世光捐谷36石，

王中立捐银250两，

王赓雅捐银150两，

王文山二次捐银200两，

王德著捐银100两。

如上数据，有清嘉庆版《灵石县志》可查可考。

扶危济困，救灾赈饥，是以王梦鹏为代表的王氏族人的共同心愿、共同行动，家族之风代代传承。

第三节　修桥筑路

家乡古道四通八达，通连天下。东临的千里陉古道，为南北朝时期东魏平阳府（今临汾市）太守封子绘开凿，顺霍山、绵山山麓北上，过马和与静升之界，直抵介休县境。西临的雀鼠谷古道，溯汾河南北通衢而成，为隋开皇十年（590年）文帝杨坚北巡，"傍汾（指汾河）开道"。如上两条古道平行穿越灵石县境，静升当在其中。

另外还有灵沁古道两条，都始于灵石县城，止于沁源县城。其一，走韩信岭，过仁义、西许，进入石膏山；其二，沿静升河东行，转马和，入后悔沟，登石膏山，两路渐次合一，过墕上高寒山区，进入沁源县境。

如此南来北往，东通西达的便捷古道给家乡静升，给周边村寨和县城带来了无限商机。然山高路险，时有风暴雨雪阻隔，过往行人常因道路受损而难以成行。

清乾隆十九年（1754年），年过古稀的王梦鹏见静升到马和间的道路狭隘泥泞，来来往往行人多有不便，常有车辆深陷泥中难以自拔。于是王梦鹏

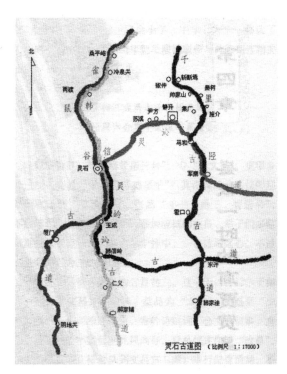

灵石古道图（依据历代《灵石县志》残存碑石资料绘制）

捐银百两，请人测量路段距离，预备所需料石灰土，请来匠作人等，"慨然独立开修"。王梦鹏的善行义举感动了沿路各村村民，静升、许家坡底、马和等村路旁有地之家纷纷，找到王梦鹏，表示愿意捐地扩路，出人出力相助。

静升至马和村傍道开修，路从静升村前小水河上的王公桥起始，南行到文笔宝塔前转而东行，过新建起的王氏宅居拱极堡堡门之前，又转而南行，搭设涧水桥，越过从红崖底沟和三齐沟而流入静升村南的中河、南河之水。出村后进入许家坡底村境，再南行直抵马和村的西脚坡（即今灵石县马和村的全国重点文物保护单位晋祠之侧）而止。

在修筑这段路期间，王梦鹏令其子中辉、中极全力经营，不得有误，共修涧水桥八道，暗石板五道，涧水暗渠四道，道路宽八尺至一丈，道畔俱有石头跟脚。也就是说道路之侧的堤堰都要用石块筑起，以使道路坚固，不会滑坡。

工程结束，王梦鹏又令中辉、中极请来两村的里甲纠首，共同订立规章，内中特别指出：两村的傍道之区"后人永远不得侵占"，违者扭送县衙，报官责罚。

静升至马和的两村傍道通连加宽，排水有序，不再泥泞，行人车辆不再受阻，百姓称赞有加。然王梦鹏虑及以后道路有损之时，维护资金或会有缺，于是又捐银 20 两，责成专人负责放贷生息，以备后用。随之，王梦鹏的族弟生员王堂瓒撰文、族侄候铨州同知王者楠书丹《诰封儒林郎候铨州同知王公(梦鹏)捐修两村傍道碑记》立石于路侧。该碑在描述了如上事迹之后，还特意把修扩两村傍道时的捐地人姓名及捐地的长宽全都一一录记于后。时在"大清乾隆十九年(1754 年)闰四月二十日吉旦"。

劳累过度的王梦鹏在这一年的冬季"患腹疾，久成痢"，整整一年有余，直至清乾隆二十一年（1756 年）"春正月乃愈"。身体稍有康复的王梦鹏再三嘱咐托子侄孙辈一定要修路积德，多行善事。是年农历五月初三，王梦鹏突然驾鹤西归。

王梦鹏去世之后，其子中辉、中极谨遵父嘱，重修村东杨树沟口的镇波桥。接着又在北出静升的道左沟挖掘垒砌砖拱排洪暗渠，该暗渠高宽均一丈有余，长近一里，时至今日已历 200 年有余，尚通畅无阻，北出静升村的道左沟及两侧民宅再未遭暴雨后的洪水之灾。

随着时间向前推移，王梦鹏的季子中极又出资修筑了从灵石马和村入后悔沟达沁源的百余里灵沁古道。

说起这灵沁古道，真乃险象环生，正所谓："悬崖峭壁，望焉惊心；峻岭崇山，行者却步。"这路段虽在王梦鹏辞世之年有石膏山主持僧人等进行过修筑，然"山径未能大抵荡平，过客难免心惊"。之后，王中极斥巨资重修这灵沁古道，历尽艰难，可谓壮举。清嘉庆版《灵石县志》卷九《善行》中可见："王中极号约轩，六翮(王梦鹏的字)季子……村东旧有石桥力为重修，至于修涧水桥，平后悔沟百余里之路，至今遂成坦途。"便是佐证。

第四节　路设茶房

静升村四出之路畅通无阻，往来之客甚众，难免有"道途渴燥"之烦。于是在清康熙五十三年（1714 年）王梦鹏之父王正居老先生捐银，助村东三官庙住持道人张守享创建茶房于静升、集广两村交界处的路旁。这里东行经旌介，入介休兴地村，可达绵山，并与千里陉古道、灵沁古道通连，工竣之日，道人张守享与香老纠首王正居等特请王梦鹏的族兄清顺治甲午（1654 年）岁进士候选训导王一旦撰文，村东王氏族人邑庠生员王懿德书丹，立碑勒石记之。

清乾隆元年（1736 年），王梦鹏承继父志，与村人、族人又在村西出关帝庙瓮门外，与尹方村交界之地的五道庙东续建茶房一所。茶房建成，王梦鹏等众香老纠首共议条规，"雇看门人司洒扫之事"。"经理其事者随时整顿"，并把"公议条规开列于后：

一、每逢风雨在憩息者，务须遵守条规，使男避于外，女避于内，不得男女并处，有不遵约束者送堡长秉官究治。

一、每灶内生火煎茶，务须经常，不可亦不得收索钱文。如违，许村人告知纠首，从重处罚，责勿怠。

一、茶亭每日务须洒扫净洁，不得养雀鸟牲畜，污秽房屋。

一、看守人不得收白面、蔬菜、物品之类，一经察觉，议处决不姑宽。

一、并无风雨，托使夜黑，使收此停宿，无论男女不准收留。

一、遇形迹可疑之人在亭，权缓其稳坐，急急告知村人，以便稽查。

一、不得损坏房屋物件，一经查明，从重议处。

一、每逢朔（初一）望（十五）日，看守茶房人谒五道庙，打扫净洁，神前拈香，勿得久而生懈。

以上公议数条，均守勿替。风雨憩息，男女避处一节，尤关风化，往来君子亦宜自重，则幸甚"。

茶房建成，条规清楚明了，王梦鹏又为之撰联云：

前路赤炎炎日，试问能行几步；

此处凉飕飕风，何妨暂坐片时。

之后，清道光二十四年（1844年）菊月（九月），清同治五年（1866年）仲秋月（八月），王梦鹏的直系来孙王焜耀等村东社、西社的香老纠首"重誉勒石"于茶房之侧，以告后人。

前已提及，王梦鹏之子王中极遵父遗愿"平后悔沟百余里之路"，使灵沁古道成为坦途。然这里石膏山山高风急，最高处的牛角鞍达2566.6米。要知道海拔每升高百米，温度便降低0.6℃，这山高之处较灵石县城之温度当低10℃。行人走在这古道之巅，寒冷异常。每到冬日，过往之客多有冻掉手指、耳朵者，僵死坡上坡下者常见。

为解冬日行走之难，王梦鹏的爱子王中极，特遵昔人法《周礼·地官·遗人》之"十里有庐，座有饮食"之意，在修路的过程中，特设客栈义店于山左山右，并购置皮袄数十件分存其中。

从此，过往客商旅人行经这高寒之区的墕上，投宿路边客栈义店之中，吃饱喝足，美美地睡上一夜。次日早起穿上皮袄避雪挡寒，过墕上高寒之区，到另一路侧客栈义店，脱下皮袄，请客栈义店伙计收存，进食饮茶后，继续前行。行人往返俱便，且全部免费，一切以在清乾隆元年（1736年）王梦鹏等香老纠首所制定的茶房条规为总则。如果客栈义店的服务人员有违此规者，定责罚依例，绝不宽松。还有发现形迹可疑之人，定"缓其稳坐"，报告官府，捉拿归案。

条规中所言的男女有别，停宿客栈义店之时，也务须谨遵男女不得共处。因为在那个时日，人们没有身份证、结婚证，凭什么证明这男女是夫妻，分室而居尽在情理之中。

这客栈义店中的服务人员，也全都尽职尽责，洒扫净洁，绝不会有污秽之处。还有客栈义店中所设神灵之位，也都于每月的初一（朔日）和十五（望日）进行祭祀叩拜，求神灵保佑过往行人客商平安通行。

王梦鹏及其子王中极设置的茶房与客栈义店的条规一直延续到清末民国之年。茶房客栈义店的开设，泽被桑梓，名传百里，王梦鹏父子的善行义举，不仅使世风淳厚，也使王氏家族誉满朝野。

第五节　兴学里中

受家乡静升古镇厚重的文化氛围熏陶，王梦鹏自幼便"专心汲古，于书无所不读，即严寒酷暑非三鼓不就寝"。21岁时，补博士弟子员，每次的县学考试他都名列前茅。因之"特举优行"，是为邑学优廪生员，简称"优生"。因此，大学者傅山之孙灵石县儒学教谕傅莲苏题书赠匾"品行兼优"。此匾至今仍悬于王家大院恒贞堡三甲东巷木牌坊上。

王梦鹏好学，及年岁渐增，他总想让族中、村中贫寒之家的子弟也能

全国重点文物保护单位——静升文庙

入学读书，于是在自己的拱秀巷西老宅之中设立义塾，预储办学基金，延聘塾师。他也利用族事、村事、商事繁忙之余暇，给远近来此求学者"讲学、授经、传知，每每是户外履常满"。可谓盛况空前。

王梦鹏的讲学授经内容除四书五经外，还常常将珠算、"一掌清"等速算法传授给求学者。说起这"一掌清"，就是只要你能读出数

文昌宫

字，无论是加、减、乘、除全都能一一扶着指关节准确算出数字，较算盘而言，快捷且无声，方便更实用。在王梦鹏始终不倦的循循善诱下，其弟子们全部成才，或为官入仕，或经商事贾，都成为社会精英。

静升文庙是天下少有的乡村庙学之设，创建于元代至元二年（1336年），明清之年族人、村人多次修葺，并增建奎星楼于庙之东南角。每年的春二月和秋八月的上丁日是祭祀至圣先师孔子之日，王梦鹏都要率求学者以例叩祭孔子及其四配十二哲人，先贤、先儒于家乡文庙之中。每年的二月初三则赴村东南的文昌宫中依例祭祀"辅元开化文昌司禄宏仁帝君"这位主宰天下文教之神。

如上祭祀之日，王梦鹏还要提及村西南的文笔塔，告之求学者该塔下截六丈实心，上截二丈一尺空心，总高八丈一尺，意取：实实在在路（六）路通顺，虚心向上三元齐（七）中，九九归一者也。

前已提及，王梦鹏讲学"户外履常满"。为解决这一问题，"常欲设立义塾"，然年事渐高的王梦鹏"未获遂愿"。弥留之时，遗命其子中辉、中极"必成此举"。然资金到位，出放生息，义塾基址选定之时，王中辉却也辞世而去，父志未酬，其情甚悲。

王中极遵承父兄遗言，倾其力，清乾隆辛丑年（1781年）建义塾于拱秀巷西老宅之侧，并又捐银240两，请来纠首，大家共同定出条规如次：

"一、原捐银千两，每年只许使利，毋得动本。

一、纠首二十四位，不必拘以世世承办，有不能者公同议举。

一、延师须请本邑庠生品优业精者，庶能获益。

一、士人应试，取具并非娼优卒结状，兹遵其意。有附学者，值年人亦须留心，以别流品。

一、学生上学务须衣服整洁，勿得邋遢褴褛。

一、自行束脩，圣贤不废，每岁诸童入学，各带青钱五百，以为挚见之礼。

一、学生有事须父兄禀明，不得任信惟误，有逃学者即行议处。

一、学内凡医卜星相及游方之人，毋得收留。

一、拾来字纸安放惜字篓内，先生命拾字人等敬谨焚讫，收拾纸灰付之流水，毋得污践。

一、值年纠首每月勤到学中经理事体。

一、每年上学之日，备陈酒席二三桌，上年经理人与现年经理人请先

生上馆算账交待。

一、出放银两务须察访殷实铺户，值年纠首公同放出，毋得擅自主张，以免失错。

一、延请先生，总理纠首商酌同举。

一、师席在同事二十四处延请，同事者勿预是座。

一、学生不守规矩，不皈训诲，通知纠首议处。

一、来学者通知值年纠首，方许进入。

一、学生议定二十人为限。

一、茶叶柴炭一切应用物件，值年经理买置，注账明白，以便交待。

一、雇拾字纸人每日定工钱三十文，交到字纸，先生面亲检点付竹签一支，或朔（初一）或望（十五），值年纠首签付钱，勿致欺瞒。

一、敬惜字纸，本非细事，雇人时务须拣择良善，如有欺瞒急为另雇，毋稍姑贷。

一、要同事人商议妥善，毋生嫌隙，是所切望。"

王梦鹏父子创建义塾，共立条规，规范其制，功在当代，利在千秋。与此同时，在村东村西亦分设义塾。村东设于杨树沟沟口，名养正书塾；村西设于拥翠巷（王家巷）侧，名端本书屋。静升村的这三所义塾均为王梦鹏、王中极父子及王氏族人创办，直至民国初改为"灵石县第二区区立高等小学校"。

第六节　建立义冢

静升东望绵山，西听汾水，北依莽塬，王氏族人及村人依坡建宅，层层梯升，共计九沟、八堡、十八巷。山巅有凤来仪，多以凤名，如凤鸣岗、栖凤塬、龙凤岗、鸣凤塬、凤凰台等。村人王、张等家族的坟茔之域便在塬上。如鸣凤塬占地360亩，乃是安葬王梦鹏家族先祖的王氏墓地之所，茔门上的"王氏佳城"四字就是王梦鹏遵父之命所题书。

村中五里长街横贯东西，店铺林立。村前发源于绵山的小水河、中河、南河由东往西流去，归于一脉。土肥水美、田沃禾丰，财源广进、誉扬四海,可谓"境地恢宏,人烟福泽"。

正因静升这个聚宝盆,常使他乡异地的"就食图养者不乏劳"而来此求职谋生。然远来者常因路途颠簸,或遇急风暴雨,或偶感风寒,尚未觅得劳作图养之处便病倒街头巷尾。这些人多得族人、村人救护,病好之后大多留在静升这块宝地上,开始了新的生活。但是也有的病倒在村外,尚未被人发觉,便辞世归天,暴尸荒野。待有人发现后,已是尸腐骨散,惨不忍睹。

经年累月,此类事甚多,成为王梦鹏的心头之痛,遂萌生设立义冢,收葬无主尸骸之意。于是,王梦鹏择村西关帝庙外一地,划定九亩,拟为义冢。给所有孤魂野鬼找到了一处尸骨墓地和精神家园。随着年岁渐高,他把这事托其子中辉、中极去处理,并订立章程:

一、义冢中左设男冢,右立女冢,各得其所,不得越规。

一、安葬于义冢的尸骨要记其各号,存档留查,以便其家人来寻骸骨时有依,不会出错。

一、安葬无主尸骨费用,早已投入,其银放出生息,子母环生而用。

......

王梦鹏特请村西关帝庙中的住持长老与村中香老纠首共理义冢之事，并为之题书楹联云：

不忍亡魂悲暴露；

聊输隙壤慰孤灵。

该义冢之后渐有扩大，然地近路侧，常有行人践踏，致使墓地坑洼不堪。王梦鹏临终之日嘱托其子王中辉、王中极处理该义冢的完善工作。不幸的是，该义冢完善工作未毕，王中辉也辞世而归去。

在安葬了父兄之后，王中极承父兄之命，在村人的全力配合下，义冢完善工作工竣于清乾隆四十五年（1780年）岁次庚子十月二十五日，并请村西荫槐巷张氏族人"岁进士庚子（1720年）科副榜、候选教谕张国铭撰文，族人国子监太学生王梦吉书丹"。并由石刻匠作人等勒石立碑于"男女义冢"之中。

为防行人再踏义冢墓地，他们将出村之路改为下行入沟道之中。这样，无论村人路人路过此地，便不会行走于义冢之中了。这样，行人不涉鬼地，孤魂免遭惊恐，人鬼相安无事。

据立于清光绪五年（1879年）的《西王户房地碣》云："西义冢旱地二段一十二亩，粮一斗三合四升，东至王来宁，西至王丽珍，南至道，北至道，梦鹏捐。"由此可见王梦鹏父子追伸孝恭之念，泽及枯骨，亡魂有依。"殁者怀其恩，生者感其善"，可谓"一人之心，合万人之心也"。

第七节　修祠护庙

静升村从东到西的五里长街上，建有多座供奉各路神灵的大小庙宇19座，这些庙宇的修建、维护，无不留下了王梦鹏的倾情付出和热心参与。

元大德七年（1303年）八月初六日夜，临近灵石的洪洞县发生了八级大地震，王氏先祖王实所居住的灵石县南沟营村成为堰塞湖。王氏先祖王实为避灾逃难、背井离乡落足静升。经年历代，王氏家族在静升遂成"士者经史传家，英辈迭出；农者沃产遗后，坐享丰盈；工者彻通诸艺，

精巧相生；商者逐利湖海，据资万千"之族。为谢皇天后土之恩，王氏族人在村西修葺了后土庙，以福佑后世子孙。

每年的三月十八日祭祀后土娘娘之时，王梦鹏一定会携村人、族人依例供奉祭拜，慰藉神灵。

清康熙三十四年（1695年），平阳府（今临汾市）又一次发生八级特大地震，后土庙塌毁严重。时年仅15岁的王梦鹏全力追随族中长者与村人对后土庙进行了全面修复。在之后的数十年间，王梦鹏不止一次地对后土庙进行过精心的维护，在他的心目中，皇天后土娘娘永远是护佑天下民众的神灵圣母。

清康熙四十年（1701年），康熙帝从河道总督张鹏翮之请，封河神为"显佑通济昭灵效顺金龙大王"，谨遵圣旨的王氏家族与村人共建龙王殿于后土庙西南角。这里静升的小水河、中河、南河三河聚一河而西流出村，金龙大王在此镇导，可确保村中无水灾水患，而水流灌田，五谷丰登。

静升村五里长街东起"龙脉所关""居村之首"的三官庙前的老槐村下，西止"门临孔道"的关帝庙前。

静升村境还有文庙、文昌宫、商山庙、八蜡庙、眼光庙、三元宫、白衣送子观音庙、土地庙、三教庙等儒释道俗等各类庙宇，只要这些庙宇施工建修、祭祀叩拜王梦鹏都参与其中，尽心尽力而为之。

清康熙五十六年（1717年）秋时，族叔生员王翰等五人设酒筵召集族人，共议扩建宗祠与增广茔地之事。责成王梦鹏之兄王梦麟共总其事，王梦鹏与同族兄弟辅之。于是族人量力捐赞，于祖茔四周"买地七十五庙五分"。次年的三月初一日，扩建宗祠开工，"建正室三间，门屏三间，内外墙垣环备。两旁设守祠舍，朝夕供酒扫焉"，施工一年有余。工竣之日，族兄甲午乡贡士王一旦撰文，王梦鹏书丹，于"康熙五十八年（1719年）岁次己亥中秋之吉"立《创建祠堂并增置茔地碑》于宗祠之内。

茔地增大，先祖灵骨有依；宗祠扩建，世世子孙岁时叩献先祖得聚。

雍正年间，族茔再次扩大，占地360亩有余。然茔域之中常有"樵夫牧竖，杂沓欢哗，相继不绝"，"担负践踏，往来不禁"，常使"夜台扰攘，松楸嚣凌"，先祖之灵"时惊时骇"。因之王梦鹏与族人共议共商，"欲断往来"行人，"必筑墙垣"，大家意见一致，遂于清雍正六年（1728年）七月开工，第二年四月大功告成，使行人往来无阻。在王梦鹏的建议下，王氏族人又"开道于两旁，窘步于捷径，幽明各得，俾两无憾"。工成之日，王梦鹏撰文勒石于祖茔之中，并特别强调王氏族中后人对茔周围墙"时为修葺，庶不至日久颓败，而复蹈前辙"，再使先祖之灵，"时惊时骇"。

王梦鹏对于家乡的寺观庙宇和家族的坟茔宗祠时时维护，敬献叩拜尽显赤诚之心，意在希冀各路神灵、上天先祖护佑家乡平安和谐。

第八节　传承家风

王梦鹏的善行义举有目共睹，家族后世子孙看在眼里，记在心中，见之行动。

王梦鹏修路筑桥，其子中极修涧水桥，平后悔沟灵沁古道百余里之路，前已提及，此不多言。村中安济桥为村人耕种必行之路，年久失修，族人第十九世王舆来于是令其子迪彝捐银200修复之，村人劳作便捷好行。还有村西锁浪桥为第十四世王立极创修，清嘉庆三年（1798年）其仍孙（第十九世）王久成又出银260两，改修为石墩桥，坦途有依。

更有第十七世王如琨任顺天府督粮通判加治中衔，某年返乡，过娘子关，入平定州，正遇"官修东天门石路"，然资金有缺，平定知州正为之发愁。王如琨闻之，拜会了这位他曾资助过的嘉庆戊辰（1808年）科进士，并自掏腰包，"慨然以一千金助工"。平定州东门石路大功告成。之后，"大史闻于朝"，奉旨以"好善乐施"建坊旌表。该坊位于王如琨老宅钟灵巷怀永图院之门前临街之处，今已于2006年静升西街修复之日，修旧如旧。

静升村东有王梦鹏族兄王麟趾创建的蓄水池一座，因"多源泉"，占地20亩。为解这20亩地的皇粮国税的缴纳，其子王奋志又捐地三亩于村中，"以完赋税，余则积累，为后日浚疏补修之资"。之后，又将之三亩地也挖掘成池，至今尚存在于灵石一中之校侧。

清乾隆二十四年（1759年），大旱成灾；乾隆四十三年（1778年）八月初二又霜冻，庄稼枯死。清嘉庆十一年（1806年）天旱无雨，造成乡里"岁饥"，百姓无食。凡此自然灾害，在清嘉庆二十二年（1817年）纂修的《灵石县志》都有记载，同时也记载了县内富有之家"倾困解囊以周其邻里乡党"。内中可见有王氏族人如次：

乾隆年：

王如玑捐银100两，

王中堂捐银1000两，

王世泰捐银300两，

王生炯捐银400两，

王中辉捐银400两，

王中行捐银250两，

王汝梅捐银250两，

王汝为二次捐银550两，

王如琨二次捐银450两，

王中极二次捐银240两，

王戬谷二次捐银500两，

王炳文二次捐银250两，又捐修桥银300两，

王世光捐谷 36 石，

王中立捐银 250 两，

王赓雅捐银 150 两，

王文山二次捐银 200 两，

王德著捐银 100 两。

嘉庆年：

王师颢捐银 180 两，

王世辅捐银 400 两，

王来诏捐粟 30 石，又捐银 100 两，

王汝聪捐银 300 两，又捐银 4500 两生息瞻族，

王汝明捐银 150 两，

王缓来捐银 300 两，

温氏（王庆来妻）捐银 200 两，

王徽彝捐银 150 两。

读阅如上捐输银两粟谷，我们可见在这三次赈灾中，他们共捐银超万两之数。内中，温氏，是已辞世归天的王庆来之妻，为赈灾，这位守寡之妇还捐银 200 两以解百姓之饥，其善良之心可点可赞。

还有王汝聪，共捐银 4800 两，内中有 4500 两放贷生息，以解族中贫穷之家的危难。这放贷生息，子母环生，其尊祖敬族、好善乐施之心尽在不言之中，而且保本生利代代传承，正是当时的扶危济困救急之基金。

内中还见王世光捐谷 36 石，王来诏捐粟 30 石，这些谷粟拿出来，马上就可设立粥棚，施舍救济饥民，以解口腹之困。

王梦鹏曾办启蒙义学，其子王中极扩建之，也前已言及。族人中亦可见王梦鹏的族弟王福齐也设书塾于钟灵巷"鹤鸣轩"中，"口讲指画，又为文词者悉有法度可观……公大有造于后学也"。王福齐病逝之后，他的 54 位"受业门人"为之建碑亭于钟灵巷巷门之东侧，内立两碑。其一为：皇清恩进士例授修职郎王老夫子讳福齐，字凝五，号德山，德教神道碑。其二为：皇清恩进士侯铨教谕凝五教泽碑记。今碑亭已恢复，碑仍竖立于其中。

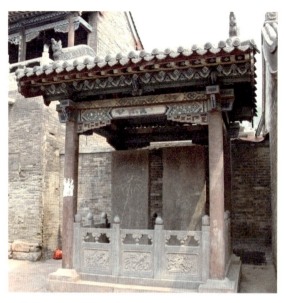
德教神道碑和教泽碑

在 1994 年版《灵石县教育志》中的"名师简介"中，特别提到王梦鹏的直系传人王筵宾（第十九世）"学问优长"，"教授生徒，学者皆奉为儒宗。诸弟子登贤书，食廪饩踵相接暇"。还有第二十世王舒蕚为王梦鹏的近支族人，清光绪丙子（1876 年）科进士，平遥超山书院特聘他为山长（即院长）。在王山长的教导下，该书院"人文蔚起，科第绵绵"，书院为之悬匾："学荫春风"。

在王梦鹏的影响下，王氏家族后人风厚尚义、扶危济困、修桥筑路、培育后人等诸多义举都见之于乡里，行之于后世。

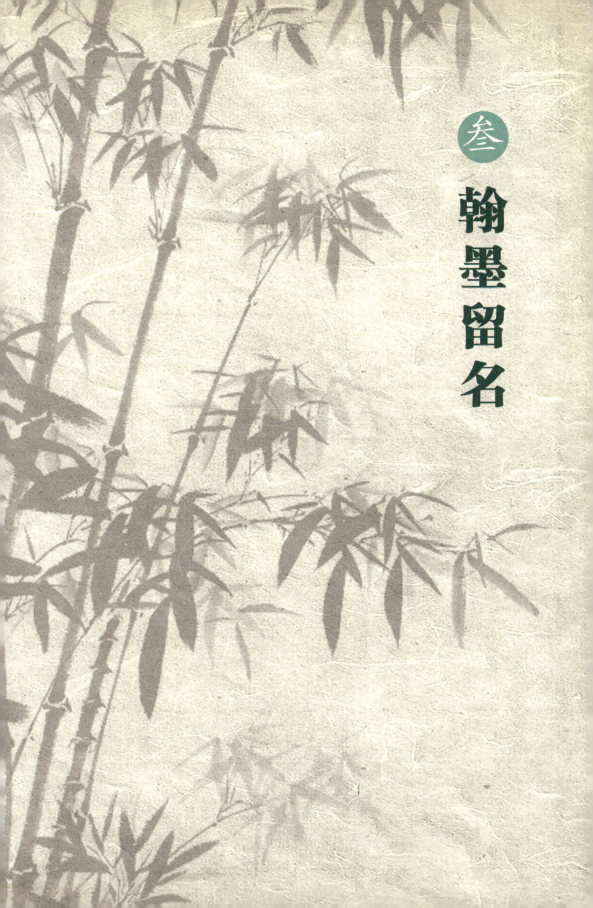

叁

翰墨留名

王梦鹏生于"雅有儒者风"的商贾之家，从小就进入家塾，他敏而好学，对先生教授的东西很快就能接受，所作诗文常常成为同辈的楷模，只是对书写并不十分在意。这时候静升王家已是远近闻名的商贾大户，在中国几千年的封建传统意识里，读书登仕才是真正的人生正途，所谓"万般皆下品，唯有读书高"，而商业一直以来都不被主流社会所接纳。一般人家都寄希望于子弟勤读苦学，有朝一日鱼跃龙门，光宗耀祖。静升王家也不例外，到第十四世时，更是由一位常年在家经理族中土地农事的兄弟专门负责督促子弟的学业。据《王氏族谱》记载，当时王家的这项重要工作就落在了王梦鹏的父亲王谦让的身上，总理家务、"经理田园，不惮劳瘁"，"叫弟并子侄辈簋灯课读，鼓励弗辍"，最后终因积劳成疾"年未四十而殁"。父亲的离世对王梦鹏的触动很大，11岁的他认真反思以往，决心更加努力攻读，不负父辈期望。那时的科举，不只是要考核学识，书、言、身、判也是重要的考查内容，尤其是书法，更是成为科举道路上的进身梯、敲门砖。这样，王梦鹏开始留意笔墨、沉心临池，以至于后来书法成了他一生的挚爱。"喜书法，案头每聚晋唐宋元名贤真迹，朝夕摩书，临池不倦"，深得"二王"笔法，至老弥精。翰林院检讨、灵石两渡何思钧"用笔雄健，结构谨严。一皆取法于古，而毫无庸俗态。传之奕祀实堪不朽"的评价，道出了其中的真情。

现在我们可以见到的王梦鹏遗留下来的书法，包括摹刻古代的经典法帖、临摹历代经典碑帖、书丹题字碑刻、抄录古人诗文、随笔书论、名人书家题跋和族人书法七个部分。其中大部分现存于王家大院视履堡桂馨书院所藏的《来青山馆藏翰》中。

《来青山馆藏翰》（又称《来青山馆帖》）为王梦鹏之子、布政司经历王中极遴选其父70岁以后书法，精刻而成。后有当时名人题跋多种。内阁学士、书法家、碑帖鉴赏家翁方纲跋云："此六翮先生遗墨，令子勒石，以永其传。先生德重乡党，初未尝以书显，晚岁性耽澹泊，而书法亦极平淡高逸，无烟火气。即偶临古帖，亦间出己意，超越娴静，如其为人。自是书家上乘，绝去近代蹊径远矣。正不当以疏野目之。"法式善跋云："……其翰墨和平安易，不染尘俗……"太原廪生张彦跋云："笔意高古，绰有魏晋人风骨，信可宝也……翁之书法，严正之气见于笔端，其颜鲁之嗣欤。"礼部尚书曹秀先跋云："所书深得古人法。"其他如刘跃云、张朴、周厚辕、胡季堂、彭元瑞、顾宗泰、张埙、祝德全、万承风等皆当时名人、书家也有上佳之评论。

现存的《来青山馆藏翰》由12块青石双面摹刻组成，原来镶嵌在孝义祠内，现移于王家大院视履堡桂馨书院廊下。100多年来历经战火及"文化大革命"时期之破坏，虽然得到有心人的竭力保护，但遗憾的是仍有多处驳落损残。内容包括：摹刻法帖、临摹经典、书丹题字、抄录诗文、随笔书论、名人题跋和族人书法七部分。

第一节　摹刻法帖

"刻帖"，是一种为了更好保存、传播前人的书法名作，将前人的书法手迹用较为透明的薄纸覆盖在原帖上，然后按照字帖上的字样双勾描摹下来，按照原样摹刻到石板或木板上，槌拓后以拓本的形式流传的方法。著名的刻帖有《淳化阁帖》《大观帖》《宝晋斋法帖》等。因为摹刻要求近于苛刻，必须具有很高专业水平的人员方能操作，而且费时、费工、费钱，一般是皇家或富户进行这项工作，王梦鹏刻帖目前仅见《摹怀仁集圣教序帖》一种。

王梦鹏《摹怀仁集圣教序帖》，墨拓本。前后各有"来青山馆藏翰""乾隆甲戌季秋月竹林居士王梦鹏敬摹于漱艺书屋，时年七十五岁"隶书款识，并押"来青山馆藏书""王梦鹏印""六翮"三枚篆章。帖后分别有当时书家、名人法式善、万承风、虞奕绶、徐昆跋题。此帖由灵石县籍收藏家刘东升先生在北京琉璃厂肆中购得，可见此帖流传之广、影响之大。

《怀仁集圣教序》为唐代怀仁大和尚奉旨，依内府所藏王羲之真迹，费时十多年勾摹勒刻石而成。刘熙载《书概》评价说"古雅有渊致"，康有为也称赞道"位置天然，章法秩理"。

对先生这个摹本，当时的大书画家法式善在清嘉庆二年（1797年）的跋语中评价特别中肯："山右竹林居士王先生，性笃学、醇内行、称于乡，故其翰墨和平安易，不染尘俗。""此帖为先生摹本，内劲外腴，不失晋人遗法，学者苟能虔奉一编，不独游艺有资，将孝友之心,日油油于行习间,岂非书教也哉！"

把此帖和宋拓墨皇本相比较，字形毕似，的确像法式善所称赞的"内劲外腴，不失晋人遗法"。然而

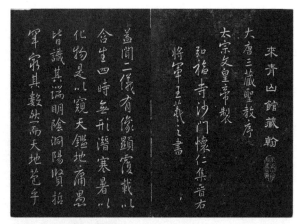

王梦鹏《摹怀仁集圣教序帖》墨拓本（一）

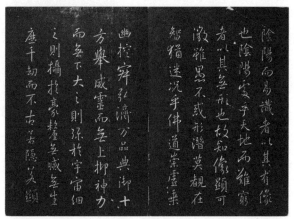

王梦鹏《摹怀仁集圣教序帖》墨拓本（二）

王梦鹏《摹怀仁集圣教序帖》墨拓本（三）

细观运笔结体，却又觉得翁方纲"将出己意"之评一语中的。具体表现在：笔画均匀周正，运笔多圆少方。一些隶变古法已荡然无存，部分宕跳之笔画、侧欹之字势一应做平正处理。平和有余，古雅不足是其微瑕。款识小隶尽守汉人法则，在《礼器》《乙瑛》间，有可观处。

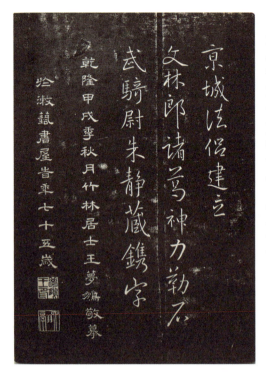

王梦鹏《摹怀仁集圣教序帖》墨拓本（四）

第二节　临摹经典

在《来青山馆藏翰》中，存有多件王梦鹏临摹古代经典碑帖的作品。

第一，《临十七帖墨迹》。墨迹，纸本，横36.8厘米，纵19.2厘米，亦属刘东升先生收藏，共两页。据末行"癸酉四月"记时推知，为清乾隆十八年（1753年）先生七十四岁所临。

《十七帖》是书圣王羲之的草书代表作，内容为他所写信札，因卷首有"十七日"故名。王羲之初从卫夫人学书，后兼师张芝草法，钟繇隶字，然后顺应楷书发展的大势，创造出了融会草、隶、楷为一体的今草。此帖行笔自然洒脱，尚留隶书风貌，笔笔到家。且转折处锋棱毕露。字与字以气相贯，绝处连属。前人评为"笔法古质浑然，有篆籀遗意"云。

观先生此临书，用笔肯定，浓淡枯润一任自然，多篆籀之意而少隶法。转折圆润，锋在画中，了无强弩偏侧之笔，纯是自家面目。稍无劲硬之感，如七行之"中表"与原帖相较，多了些柔美，少了些刚劲，或与其平和处世，宽博为人之性情有关？临书每行之右又附蝇头小楷释文，结体内宫紧收，左右开张，有羲之《黄庭经》及文徵明之神韵。以七十四岁之龄做此，诚可称宝也。

第二，《临王羲之七十帖》。王羲之草书，《宣和书谱》有帖目，《淳化阁帖》《大观帖》《宝晋斋法帖》均收刻，后刻入《十七帖》。其内容是："足下今年政七十耶。知体气常佳，此大庆也，想复勤加颐养。吾年垂耳顺，推之人理，得尔以为厚幸，但恐前路转欲逼耳。以尔要欲一游目汶岭，非复常言。足下但当保护，以俟此期。勿谓虚言。得果此缘，一段奇

王梦鹏《临十七帖墨迹》

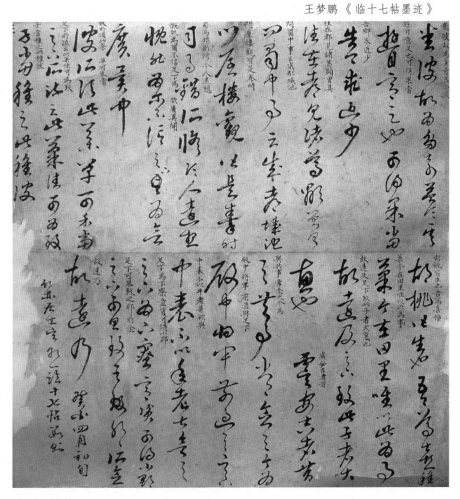

事也。"

孙过庭在《书谱》中说："违而不犯，和而不同"，意思就是说，要在和谐中求违拗，从统一处求变化。此临作充分体现了原作善于把章法中互相矛盾的因素统一起来的典范特点。"足"字轻，"今"字重；"耶"字柔，"知"字刚；"也"字直，"想"字曲；"垂"字肥，"推"字瘦；"但"字方，"转"字圆；"尔"字疏，"要"字密。轻重、刚柔、曲直、肥瘦、方圆、疏密，本来截然相反的元素，却把它们统一于一篇之中，和谐而不紊乱，丰富而不单调。

在统一的风格中，把相同的字、相同的单体乃至相同的笔画千变万化，以避免过度重复引起人们审美感官的厌倦。如帖中的"下"字三点有呼有应，"佳"字四横有伸有缩，"顺"字的三竖有粗有细，"路"字的两撇有藏有露；两个"但"字前小后大，两个"常"字前欹后正，两个

王梦鹏《临王羲之七十帖》拓本

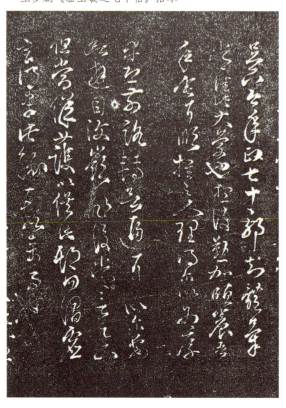

"耳"字前短后长，两个"也"字前重后轻。真是"字字异性，行行殊致""众巧百态，无尽不奇"。

第三，《临王羲之旦极寒帖》。王羲之《旦极寒帖》又名《极寒帖》，入刻《淳化阁帖》《大观帖》，行书，六行，计58字。其内容是："旦极寒，得示。承夫人复小咳，不善得眠，助反侧，想小尔，复进何药？念足下犹悚息，卿可不？吾昨暮

078

大吐，小啖物便尔，旦来可耳。知足下念。王羲之顿首。"清人翁方纲十分推重此帖，王澍认为此帖书法似《兰亭序》《官奴帖》。

此临作行楷相间，用笔自然平和、清雅明快，点画清劲多姿，结体清新大方，章法疏朗、行气畅达。体现了临者深厚的临池功夫。

第四，《临颜真卿争座位帖》。

《争座位帖》为斥郭英乂信稿，书于唐广德二年（764年），颜真卿55岁时。因其为维护朝廷纲纪，秉义直谏，既斥郭英乂之佞，复夺鱼朝恩之骄，忠义之气，粲然横溢于

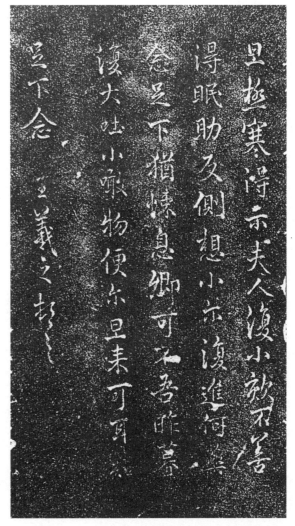

王梦鹏《临王羲之旦极寒帖》拓本

字里行间。此稿系颜真卿因不满权奸的骄横跋扈而奋笔直书的作品，故通篇刚烈之气跃然纸上。书法亦随意自如，天真烂漫，其淋漓挥洒处，如挟风雨而行云空，横斜曲直妙韵叠出者，尤其瑰异，写得豪宕尽兴，姿态飞动，虎虎有生气。似乎也显示了他刚强耿直而朴实敦厚的性格，历代皆有嘉许。此帖本是一篇草稿，作者凝思于词句间，本不着意于笔墨，却写得满纸郁勃之气横溢，成为书法史上的名作，入行草最佳范本之列，后世以此帖与《兰亭序》合称"双璧"。宋米芾在《宝章待访录》中说："字

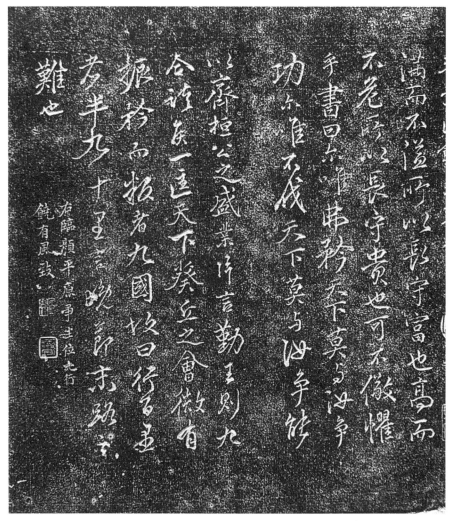

王梦鹏《临颜真卿争座位帖》(局部)拓本

字意相联属飞动，诡形异状，得于意外，世之颜行书第一书也。"在《书史》中又说："此帖在颜最为杰思，想其忠义愤发，顿挫郁屈，意不在字，天真馨露，在于此书。"黄庭坚在《山谷题跋》中直谓二王后嗣，写道"观鲁公其帖，奇伟秀拔，奄有魏晋隋唐以来风流气骨"。苏东坡以为"比公他书尤为奇特，信乎自然，动有姿态"。难怪千余年后傅山先生发出"平原气在中，毛颖足吞虏"的感言。

观梦鹏先生临作，全篇一路写来，堂堂正正，不激不励，稳沉扎实，笔画平实深沉，笔力雄健，而用笔又见圆劲灵活，结字通和深秀，雄浑遒劲。章法布局则大小参差，奇正相生，一派天真骏迈之趣，满篇正大忠义之气。

笔笔平稳，了无浮躁之气，点画沉实，势圆力纳，一丝不苟，润中见枯，行笔干劲利落，绝无拖沓之态。结体开合有度，工稳宏博，字字坚实如山。笔下尽显雄宏伟岸，端庄凌然，阅之使人顿生敬畏之感。

著名书家柴建国教授曾言"欲习鲁公书，须先学鲁公之为人。习鲁公书非只笔墨之事，入关节处尤在品节与学养"。王梦鹏先生治学严谨、立身端正、胸怀磊落，直与鲁公相照，故其笔下能凝重浑穆，刚直苍劲。浩然正气寓诸翰墨，大节本色见于笔端，诚如是言。

有清代学者曾言："古来习书者亦以自求先贤也。一本争座位，杨凤子得其旷达飞动，苏子瞻得其雄宏大气，米南宫得其欹侧跌宕，黄庭坚得其恣肆淋漓。"王梦鹏先生似得其端正磊落耳。

第五，《临米芾苕溪诗帖》。

《苕溪诗帖》，纸本，行书，纵30.3厘米，横189.5厘米，钤有"绍兴""睿思殿印""项元汴印""乾隆御览之宝""嘉庆御览之宝""宣统御览之宝"等鉴藏宝印。帖首行下有项氏收藏之"独"字编号，帖后有米友仁、李东阳跋。曾归宋绍兴内府，明杨士奇、陆水村、

王梦鹏《临米芾苕溪诗帖》拓本

项元汴，清内府。今藏于故宫博物院。全卷 35 行，共 394 字。此卷用笔中锋直下，秾纤兼出，落笔迅疾，纵横恣肆。尤其运锋，正、侧、藏、露变化丰富，点画波折过渡连贯，提按起伏自然超逸，毫无雕琢之痕。其结体舒畅，中宫微敛，保持了重心的平衡。同时长画纵横，舒展自如，富抑扬起伏变化。通篇字体微向左倾，多欹侧之势，于险劲中求平夷。全卷书风真率自然，痛快淋漓，变化有致，逸趣盎然，反映了米芾中年书的典型面貌。吴其贞《书画记》评此帖曰："运笔潇洒，结构舒畅，盖教颜鲁公化公者。松竹留因夏，溪山去为秋。久赓白雪咏，更度采菱讴。娄会（此字误书旁注卜乃点去符号）玉鲈堆案，团金橘满洲。水宫无限景，载与谢公游。"

王梦鹏临作忠实地体现了米芾侧锋取势、八面出锋的用笔特点，洒脱大方，率真俊逸。

第三节　书丹题字

王梦鹏一生书丹、题刻的碑文甚多，仅就《王氏族谱》选择性记录即有：《创建祠堂并增置茔地碑》（康熙五十八年〈1719 年〉）《王公大林墓碑记》（康熙五十八年〈1719 年〉）《王氏佳城题刻》（雍正六年〈1728 年〉）《静升村王氏源流碑记》（雍正六年〈1728 年〉）《饬防茔域碑记》（乾隆元年〈1736 年〉）《王氏输资护族题名记》（乾隆元年〈1736 年〉）《儒林郎先府君墓表》（乾隆癸酉年〈1753 年〉）《建设旗杆月台碑记》（乾隆二十年〈1755

王梦鹏《王氏佳城题刻》拓本

年〉）等。因历经战乱损毁，现在能收集到的只有三件。

第一，《王氏佳城题刻》。题刻于清雍正六年（1728 年），是奉其养父王正居之命所题，为所知王梦鹏最早的笔迹。

此题出入颜欧之间，在馆阁体的基础上有所拓展变化。结体庄严舒展，用笔饱满雄强，一派正大君子之象。

第二，题"火土二派八世祖考王公讳贤祖妣张、宋氏之墓"碑文为王梦鹏75岁时所书。

此题似全从颜鲁公而来。其结字稳健沉着，在舒展峭拔中不乏瘦劲之气。体势雍容沉雄，于敦实浑厚中不无灵秀之趣。

第三，《建设旗杆月台碑记》，为王梦鹏76岁时书。虽是楷书却见行书意趣，线条婉约柔和，精力内敛含蓄，有王羲之清雅跌宕的意趣。

综观王梦鹏的书法题刻，刘跃云识语所说："视其笔下端谨，恪守先民矩矱，望而知为正人善士。程子云：即此是敬，柳悬诚：云用笔在心，心正则笔正，岂虚言哉。"确实一语中的。

王梦鹏题碑文拓本

王梦鹏《建设旗杆月台碑记》拓本

第四节 抄录诗文

第一，录《汉书》卷四十，《张陈王周传之陈平传》。为王梦鹏随手凭记忆所书，故与《汉书》原文的文字有所出入。

此作笔势跳荡轻松，动作敏捷连贯，笔画粗细相间，一任自由而尽在法度，如盎然春意，惠风和畅，笔墨之中充满了一种斯文雅致、平和安泰的谦谦君子风度。

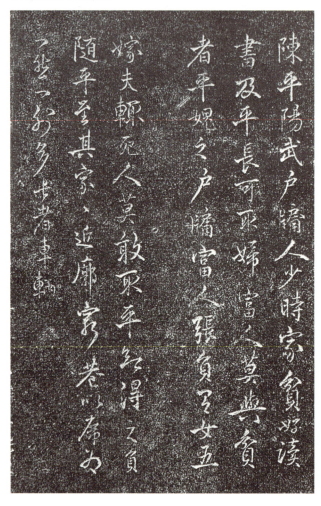

王梦鹏录《汉书》一节 拓本

第二，书宋代苏轼《前后赤壁赋》。全篇取法《怀仁集王羲之圣教序》，点画精美细腻，结字俯仰多姿，字形大小相间，风神萧散，率真自然。庄通敏在此作的跋语中说："右书前后赤壁二赋，笔下俊逸，亦觉飘飘然有凌虚之慨，可以追玉局矣。"（玉局，亦称玉局翁，指东坡。因苏轼曾任玉局观提举，故后世有此称谓。——笔者注）应属知者。

王梦鹏书《前后赤壁赋》拓本（一）

第三，录唐代王仁裕《贺王溥入相诗》等。

此篇行草书行云流水、潇洒自然，多宋元人风貌。用笔线条饱满，挺拔有力。单字独立而笔意连属。提按有致，翻折自如，中侧锋并用，而以中锋为主。时出侧笔，以求飘逸，直抒胸臆。

第四，录古人咏梅诗。行书。

此篇书法用笔清秀，峻利流畅。圆劲透逸，平淡古朴，法度自然，结字洗畅。章法疏朗，颇见功力。整篇来看，给人一种飘逸空灵、清新爽利之感。似古井深潭，幽邃无波；老衲坐禅，闭门悟道。绝无雄心霸气之感，其源似上承魏晋翰帖之精凝静穆，近法董香光之淡雅简约。

第五，录《后汉书·仲长统传》。

此作有师法颜平原、米南宫乃至祝允明的痕迹。行草相间，点画、线条在奔放之中持有圆润，厚实而不尖刻轻薄。造型意态多变，奇而不险。细节处，缜密有度，规矩绳墨。

第六，《书傅山介林诗》。行草，系王家大院现存书条石之一。诗为傅山于清顺治四年（1647年）春，游介庙时所作。12年后再游介庙时书于介庙后殿西壁之上。此书为梦鹏先生77岁（即去世那年）所书。虽为仿作，但开合有度，枯润中节。全篇以傅青主为大法，颇得颜鲁公法书之妙，满幅精彩，应为梦鹏先生存世作品中之杰出者。

细品此帖，如"函韵""春"等与青主毕肖，笔画中又特具晋唐风韵。"迷""还"之"走之"则直取王珣《伯远帖》，而"幽""后宫""庵"等字则有米芾及《兰亭集序》禊帖之势。

通观全篇，用笔扎实老辣，字里行间以浓淡枯湿、结字大小疏密巧妙分割空间。虚实对比、中节有律。点画之间，顾盼呼应，血脉相通。行笔

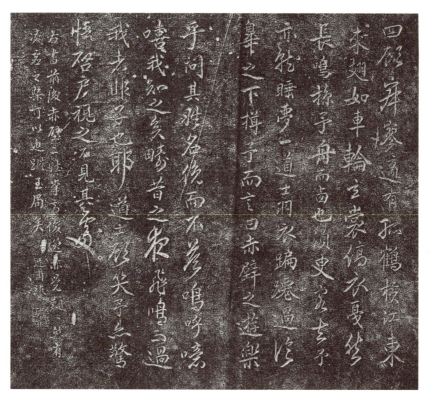

王梦鹏书《前后赤壁赋》拓本（二）

王梦鹏『录唐代王仁裕《贺王傅入相诗》』拓本

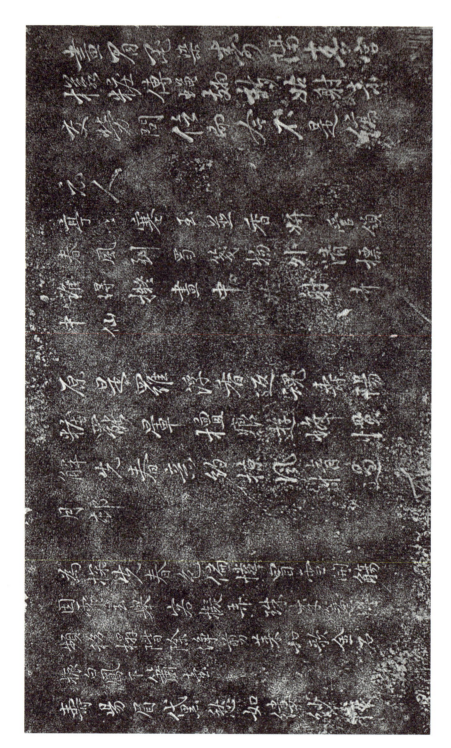

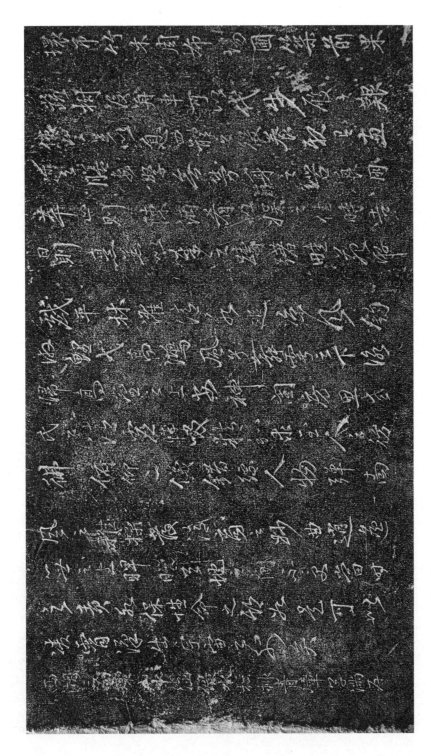

节奏明快，动荡摇曳，结体内敛外张，满篇郁勃生资，精彩横溢。沉着痛快中，跃动是情感的起伏。有跌宕开闭，吞吐六合，天马行空，纵横八极之势，堪称人书俱老之佳作。

第五节　随笔书论

第一，记唐人王绩（字无功）斗酒学士的典故，行楷书。此书基法颜鲁公《多宝塔感应碑》，如"塔""咸""功""待""门""中"等字，又多有柳公权《玄秘塔》等碑之势，如："良""达""为"等字，亦显出师法宋黄鲁直、米南宫处，如："无""酒""学"等字，"省""故"等字则似出自魏、晋法帖中。

细观其书，下笔肯定，

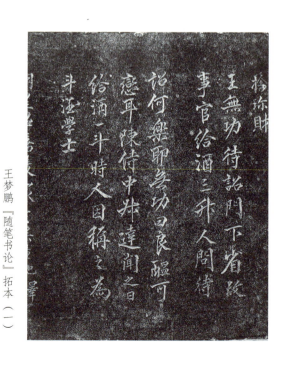

王梦鹏『随笔书论』拓本（一）

钩顿稳健，不激不励，平和古朴。结体中宫内敛，收放合度。集颜鲁公之严谨工稳，柳公权之雄健刚劲以及晋风宋韵于一炉，足见邑贤何思钧"临池之功数十年如一日……一皆取法千古……"之评不谬。

第二，述梁武帝萧衍《古今书人优劣评》事。内容为："梁武帝评书，徒汉末至梁，有三十四人。王僧虔书犹扬

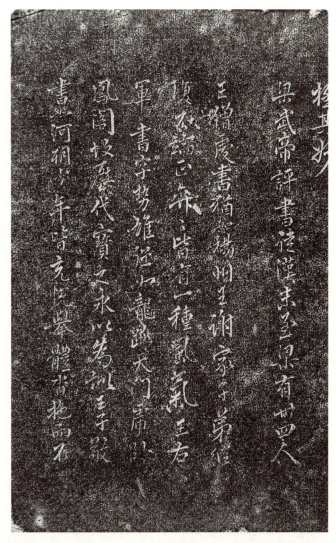

王梦鹏"随笔书论"拓本（二）

州王、谢家子弟，纵复不端正，奕奕有一种风流气骨；王右军书字势雄强，如龙跳天门，虎卧凤阙，故历代宝之，永以为训；王献之书，如河朔少年，皆悉充悦，举体沓拖而不可耐……"

此书以二王为宗，多有米法。笔画的长短、粗细以及体势，奇正变化较大，姿态丰富。笔力挺拔有力，用笔多不藏锋，结字跌宕错落有致。行间顾盼有姿，显得典雅活泼。

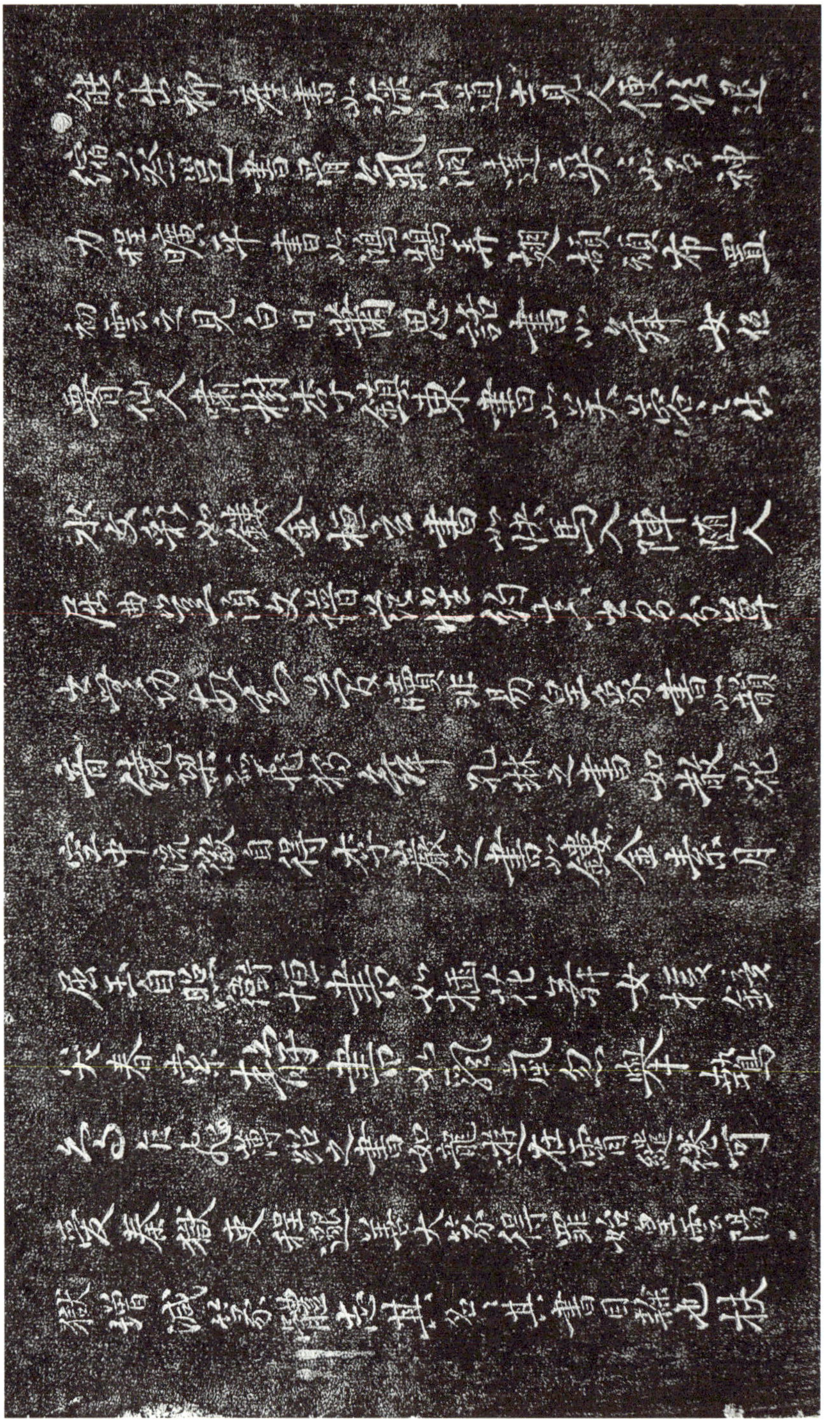

第三，论古人书法数则。此作以颜、米为法，在平正中寓崎岖荡逸之趣，于挺拔处见老树缠藤之势。字势多取方正而欹侧偶现，行笔老辣稳健而间出跌宕。楷、行、草三体杂列其间，又显顾盼畅婉，读来有清风出岫、明月入怀之感。

第六节　名人题跋

现在可见的名人题跋有十帧。

第一，法式善（清代著名诗人、学者，官至国子监祭酒）跋摹刻《圣教序》后：“唐文皇制圣教序，怀仁集右军书勒石，书苑称之，后世号其书为院体。唐吴通微已有是说，状其神妙，历久不磨。近传墨迹藏项子京家，后归武陵杨氏。当时集字上石，真迹安存？自是摹本也。山右竹林居士王先生，性笃学、醇内行、称于乡，故其翰墨和平安易，不染尘俗。昔人谓温公通鉴草稿，字字庄重；介甫则必于匆迫时作书；观鲁公帖令人生畏，吴兴帖令人生玩；人品心术之间不能掩饰，有如斯者！此帖为先生摹本，内劲外腴，不失晋人遗法。学者苟能虔奉一编，不独游艺有资，将孝友之心，日油油然于行习间，岂非书教也哉！”

第二，万承风（翰林院侍读、工部侍郎）跋语：“灵石王六翿先生，孝义士也。嗜学工书，老而弗懈。其所手抚来青山馆法帖，临池家争宝之。是卷乃先生晚年勾勒，波拂掠磔，生趣流动，无一毫牵强之迹，信不失怀仁排比真意。昔宋人称圣教序为院体，董文敏直以为怀仁自书，是皆疑集之为习而未深考耳。”

第三，虞奕绶（灵石县知县）跋语：“墨本亡良拓贵，初拓亡覆刻贵，古今进退之故，书法亦其一端矣。昔乡先生虚舟，得孟津王氏所藏宋拓圣教序，而赞之曰：为无上神品。其言以怀仁集书为序，始于贞观二十二年，成于咸亨三年。盖右军墨迹，唐初珍藏家尚多。怀仁收罗富采，择精钩摹剞劂，不遗余力，阅二十五年而后卒役。书苑谓右军剧迹咸萃，信不诬也。赵文敏临本多缺字，则碑自宋已断，迨有明治德间犹重此碑，槌拓甚众，残缺剥蚀，几致无字可寻。于是覆刻本且数十种，期间西贾率意

法式善題跋

靈石王六翙先生孝義士也嗜學工書老而
弗懈其所手撫来青山館法帖臨池家爭
寶之是卷乃先生晚年鈎勒波拂掠碟生
趣流動無一毫牽強之跡信不失懷仁排
比真意昔宋人稱聖教序為院體董父敏
直以為懷仁自書是皆疑集之為習而未深
考耳

汾寧萬承風

镌泐，以资售息者居多，既乏胜情，又鲜妙手，庐山面目俱终隐矣。介山
王六翙先生，以孝义旌于朝，生平行宜之外书习右军，不规规于貌而取其
神，卓然自成一家。其子约轩已刻之来青山馆，乃其手摩怀仁集序，则如

095

虞奕绶题跋

颖毫指纹，纤悉不爽。约轩复为钩拓垂世。予惟临书易得其神，模书易得其貌。古有哲人色笑言动神之属也，衣冠杖履貌之属也，迨其人已往矣，履已湮矣，声音不可得闻，步趋不可再接矣，而陈其衣冠，睹其杖履，犹忽忽然如将见之。矧孝义此书固有不惟其貌之似者，设虚舟翁得之不几讶孟津再见乎？抑怀仁传右军者也，六翻传怀仁者也。乃以异学如元奘本无足称，而其名则藉书圣以传。孝义如六翻本自足而其书又因圣教以显，故吾于怀仁得弟道，于约轩得子道，皆右军教泽也。孰谓书法仅艺事哉！"

第四，徐昆（平阳人，阳城教谕）跋语："右军书卓绝千古，世徒以风流雅士目之，然与谢安共登冶城时，尝谓安曰：夏禹勤王，手足胼胝；文王旰食，目不暇给。今四郊多垒，宜思自效，而虚谈废务，浮文妨要，恐非当世所宜，岂非救世良言耶？又尝遗谢万书，谓通识正当，随事行藏，

徐昆题跋

何所见之大也。

六翮先生性孝友，勤家处事皆能敦笃伦纪，贻榖子孙，是得右军之神识者故，兹摹本亦不在貌而在神。善玩者当从性情根柢中求之。"

第五，曹秀先（江西南昌人，翰林院庶吉士，文学家、书法家，曾任《四库全书》馆总裁）评语：

"竹林王君，居家尽孝。励志绩学，敦善行不怠。其所课生徒，经其指授，皆成材。不慕荣利，以诸生终。盖艺林中有品之人也。生平好临池，所书深得古人法。藏之巾箧，不以自炫。今令子汇而刻之。夫书为心

曹秀先题跋

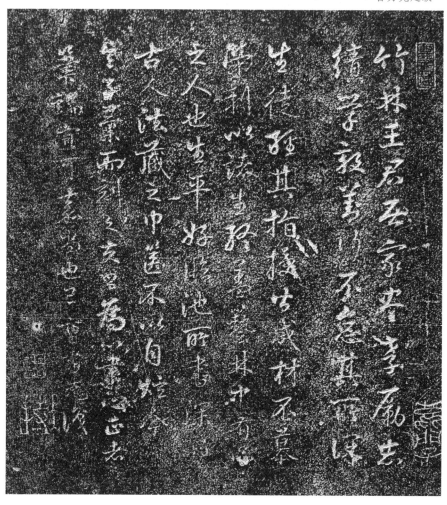

画，心正者笔端，宜可嘉尚也已。"

第六，刘跃云（江苏武进人，清乾隆三十一年进士，授编修，累迁礼部侍郎）跋语："右来青山馆藏翰，孝义王君六翮生平手书。王君孝行纯至，义甚勇。殁后二十余年恭遇恩诏，得请旌入祀乡祠，区区临池工力，不足为王君重。然视其笔下端谨，恪守先民矩矱，望而知为正人善士。程子云：即此是敬，柳悬诚：云用笔在心，心正则笔正，岂虚言哉。令子中极谒予作家传，复出此帖属跋其后，予非知书者，聊识数语，以申景慕云。"

第七，张埙（苏州长洲人，以官学教习议叙知县，著名廉官）跋语："竹翁真迹，其令嗣中极重模上石。翁姓王氏，名梦鹏，字六翮，灵石诸

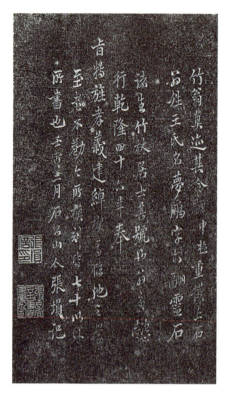

张坞题跋　　　　　　　　　　　周厚辕题跋

生，竹林居士其号也。翁多懿行，乾隆四十六年（1781 年）奉旨特旌孝义建绰楔，于临池之学至老不倦，今所横刻皆七十以外所书也。"

第八，周厚辕（江西湖口人，清乾隆进士，嘉庆帝的老师）跋语："予与青垣（刘跃云的字——笔者注）前辈石公舍人相处久，故得谂六翮王君孝义卓行，顷观其书翰刻本，想见其人。"

第九，张炌（河北徐水人，清代名士）跋语："读灵石王君孝义传，叹其至性过人，卓有古君子风。令子中极又出其所藏来青山馆手迹，披阅之下，悚然敬慕。诗曰：高山仰止，景行行止。余窃重其人，因谨志数语以附于后。"

第十，何思钧（灵石两渡人，翰林院庶吉士，《四库全书》总校官）跋语："朝廷褒嘉，固不必以字传也。而先生临池之功，数十年如一日，用笔雄健，结构谨严。一皆取法于古，而毫无习俗态。传之奕祀，实堪不朽。

张炌题跋

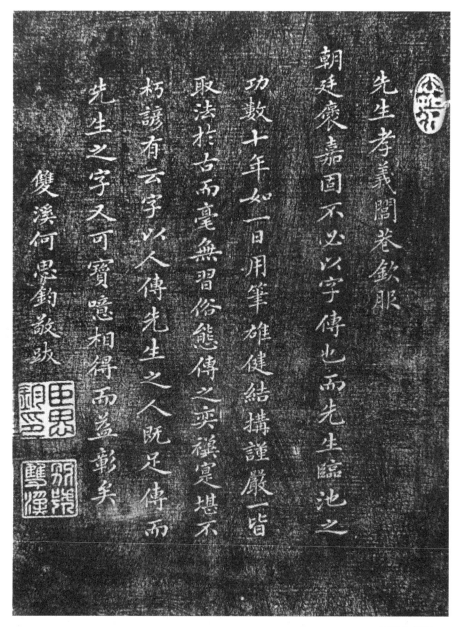

先生孝義闔卷欽服

朝廷褒嘉固不必以字傳也而先生臨池之

功數十年如一日用筆雄健結構謹嚴一皆

取法於古而毫無習俗態傳之奕禩寔堪不

朽諺有云字以人傳先生之人既足傳而

先生之字又可寶噫相得而益彰矣

雙溪何思鈞敬跋

何思钧题跋

谚有云：字以人传。先生之人既足传，而先生之字又可宝。噫！相得而益彰矣。"

　　此外还有翁方纲、张彦等的跋文湮灭不见。

第七节　族人书法

　　王梦鹏的父祖辈就十分重视书法的学习与训练。王梦鹏的书法在父祖辈的基础上，通过自己的努力有了巨大飞跃，开启了静升王氏家族子弟真正意义上的书法学习爱好。他的"刻帖"拓本在家族及亲友间得以广泛传播，他的题刻、墨迹在乡里得以大面积流传，他的弟子能够在专业的指导下进行书法训练。他的成功，无疑给后辈学子学习书法提供了不朽的榜样。在他之后的王氏子弟能书善文者代有涌现，其影响至今不衰。

一、王攸宁的书法

　　王攸宁，字尔康，生员，静升王氏第十三世祖，是王梦鹏的祖父辈，《王氏族谱》载合河（今山西兴县）康忱（知府）所撰《尔康王公传》记其："少颖悟，经书史策过目成诵。长游庠，屡冠诸生，学使者咸以伟器目之。生平孝友，自矢读书服古务以躬行实践为功。教授乡里，门人蜚声胶庠者，不可胜计。""诗文笔力昌沛，一本苏韩而立意，措词俱关体要。

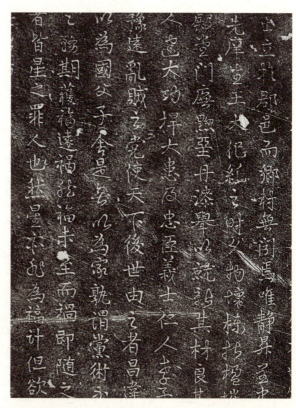

王攸宁书丹《静升村重修文庙碑记》拓片

尤精于书法，好钟繇体，笔力遒劲，堪为后学楷模。"为修王氏第一部族谱"考室主，寻碑碣，躬亲抄录者二十余年"，终于在清康熙戊辰年（1688 年）夏，草成初稿。

《静升村重修文庙碑记》，清康熙十四年（1675 年）立石，现存静升文庙。张尊美撰文，王攸宁书丹。

观王氏此书确有于钟太傅《宣示表》用功者。露锋下笔，收锋轻出，笔画间多存隶意。转折时委婉温和，笔意纯朴。结体高古，章法自然。点画之中，刚柔皆备，多有异趣。然行文中间出行草，且显笔力柔弱与楷法多不协调是其微瑕。当为王氏早年之作。

二、王中极的书法

王中极，字会五，号约轩，贡生，静升王氏第十六世。王梦鹏之子。官布政司经历加二级，诰授奉直大夫，晋封中宪大夫、宣武都尉。与东阁大学士刘墉、内阁学士翁方纲等社会名流交往甚厚。清乾隆五十年（1785 年）"圣驾临雍"蒙赐黄马褂及银牌。清嘉庆元年（1796 年）参加千叟宴，承父志，行义举，为义学建房 20 间，又捐地六亩扩义冢，焚借券、赈

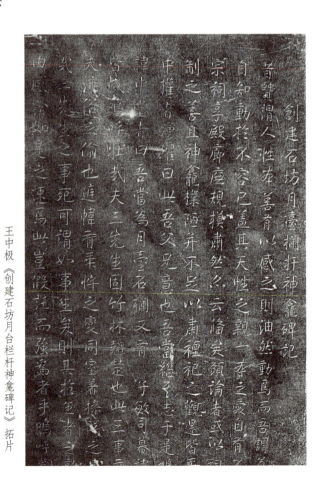

王中极《创建石坊月台栏杆神龛碑记》拓片

灾荒。曾修后悔沟山路百余里以通沁源、上党一带，并于高寒山岭两麓设店铺，置皮袄供行人御寒住宿。于清乾隆五十五年（1790年）完成存厚堂藏版《王氏族谱》。

第一，《创建石坊月台栏杆神龛碑记》。以楷书笔法成隶书点画。横、撇、挑、卧多用隶法，结字方正多呈楷式。运笔圆健，横画轻而竖画重，转笔不折而转，蚕头雁尾，笔姿轻妙。结体以圆遒取势，极具鲁公风神。

第二，"恢先"门匾题字。木刻，线条劲健，结体开张，有晋人风气。

第三，《捐资重修两廊碑记》题字用笔方中寓圆，

王中极题"恢先"匾

王中极《捐资重修两廊碑记》拓片

血肉饱满，结体近扁，布白匀称，点画淳古强健。似于《史晨》《华山》有过钻研，与清人桂馥、奚岗相类。

三、王者楠书法

王者楠，字楚才，第十五世王梦鹏的侄子，候选州同。生卒不详。

《王氏补筑佳城来龙碑记》，清乾隆二十三年（1758年）立石，系王者楠书丹。其书全用苏子瞻之法。酷似苏子《归去来兮辞卷》《前赤壁赋卷》《次辩才韵诗帖》诸作。通篇以行楷写成，用笔丰润、质朴，字画

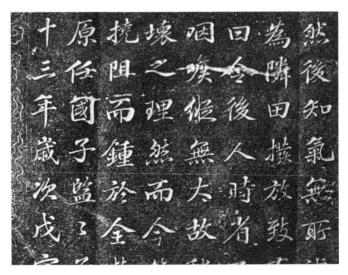

王者楠《王氏补筑佳城来龙碑记》拓片

沉着、稳重，运转自如天成。字里行间方笔圆笔兼用，正锋侧锋齐下。结字精丽整洁，"正以立骨，偏以取态"。媚中带骨，"绵里裹针"。笔笔经意，字字呼应，行行贯气，形

王者楠《王氏补筑佳城来龙碑记》拓片局部放大图

成一种清新淡远、朴素自然和雅洁娴静的艺术风貌，给人以超然、恬适的艺术享受。诚为佳作。

四、孙辈王如玉、王如琨的书法

王如玉（1732—1773），字璞园，又字岚溪，号汾左。第十七世。自幼聪颖好学，及长赴京师问学于贤士大夫，南下齐鲁再至江南，交游于文人雅士、社会贤达间，与江南名士朱文震交笃。曾与郑燮有诗画唱和。工诗，有《岚溪诗钞》行世。而立之年由贡生以道员注籍，官贵州贵西道兼提刑按察司事，后以亲老归养。清乾隆三十六年（1771 年），小金川叛乱，为驸马福隆安奏荐，发四川军前委用，分理粮务。于清乾隆三十八年（1773 年）金川之役中战死疆场。次年奉旨赠太仆寺卿，入祀昭忠祠，建恤典坊。

王如玉《乐清四时歌春宴图》墨迹

《乐清四时歌春宴图》，墨迹，见于网络上，王如玉书。该作署款"岚溪王如玉"，钤朱文"臣如玉印""岚溪"。为王氏于乾隆壬午秋（1762 年）书自作之诗，书时 30 岁，乃其盛年之作。

综观该作，不难看出个中所体现出的较明显的书写特色：其一，取法米南宫，变欹侧为平正，见唐宋遗韵。法承米芾，如"阁""图""列"等字有米字的流风遗韵，而更多的则是在欹侧的基础上偏向平正，注入个性化笔意，并可见融合唐李北海稳健奇崛的迹象。其二，筋骨相参，遒劲淡雅。此书笔画或粗或细，有浓有淡，筋骨相参，骨体坚定而不弱，筋脉相连而有势。燥温调匀，肥瘦得所。且浸浸书来，自然俊秀，恬淡平和，给人以超尘绝俗之感。惜英年捐躯，未能人书俱老，生涩之味未现。

王如琨（1767—?），字良玉，第十七世。候选布政司经历加四级，任长芦盐运司天津分司运同，顺天府督粮通判加治中衔。清嘉庆十三年（1808 年）两任北京乡试、会试供给。《王氏族谱》载其"乡中邑中凡有兴作及诸义举，无不赞助成之。荒歉时曾于邑中舍粥赈灾，百姓送'泽及乡邦'匾。致仕归乡经平定，值官修东天门石路，慨然捐银千两，因之，奉旨建'好善乐施'坊于村钟灵巷西旌表"。

"素心居"石匾，王如琨于清乾隆五十三年（1788 年）自题家门。其字笔多直入，抛筋露骨，线条绵弱。结字尚显端正。从点

王如琨"素心居"石匾墨迹

画间可得知书者娴雅恬淡的心情，所谓"书，心画也"，其书虽乏法，然于笔底流露的坦然自足之情亦可师也。

五、玄孙辈王肯为、王德纯的书法

王肯为，字子毅，贡生，第十八世。先任户部浙江司员外郎，后任湖

南宝庆府知府。清正耿介，人称直夫，遂以自号。

"桂馨"门匾，系清嘉庆四年（1799年）肯为为族叔王汝聪所题书院门额。落款直书"直夫王肯为题"，"桂馨"二字笔画肥滞，"馨"字结体上润下促，与书院桂香之氛围似有不谐之处，难怪《王氏族谱》有"郁闷之气凝于笔端"之评。

王肯为题"桂馨"门匾

王德纯，字粹如，号静庵，第十八世。候选州同，改授候推游击。族祖王中极修谱时负责校字。工书，其迹多散见于乡里。

《后土庙碣》，清嘉庆八年（1803年）立石，现存静升后土庙。王德纯书。此作用笔从董赵而出，结体有师法颜鲁公、苏东坡之迹象。如"月""各""恐"诸字，酷肖东坡。乘兴而书，线条流畅，用笔爽利，节奏畅朗。构字开合有度，秀美端正，点画呼应，工润流美。字间紧结，行间放开，笔画粗细搭配，虚实相间，整体安排，疏朗清雅，柔美空灵，

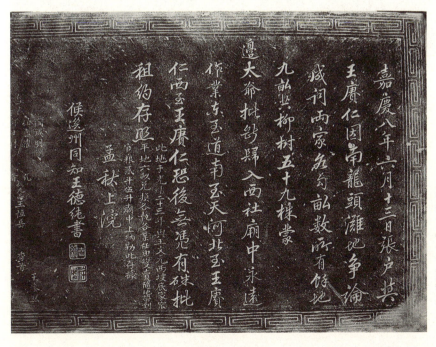

王德纯书《后土庙碣》拓片

有心手双畅之感。

六、第二十世王奎聚的书法

王奎聚，字联五，第二十世。工书善画，精于针灸。曾"捐输河工经费议叙"，以"从九归部选用"。后投幕山东阳谷县。清咸丰四年（1854年）太平军围城，上下固守待援，城陷被杀。奉旨优恤，崇祀昭忠祠。

《隶书横幅》，拓本。王奎聚书于清道光二十八年（1848年），后由族人勒石。隶书大字纯从汉法而来。乾隆、嘉庆时期，碑学理论逐渐确立，碑派书风逐步形成，出现了邓石如、伊秉绶等一批碑学书法代表书家。至道光间阮元、包世臣《南北书派论》《北碑南帖论》《艺舟双楫》流布既广，影响巨大，何绍基、赵之谦高峰重列。于书画有倾心之好的奎聚先

生，对此定然能有感悟，故其隶书堂堂正正直从汉人入手。此作全宗汉法，骨肉匀停，波磔分明。结体端庄匀实，每一字都扁方整齐，方正凝重。中敛旁肆，体态动人。点画组织严谨，讲究穿插避让。笔画粗细比对，轻重虚实，妙趣横出。长笔多呈弯弧，波画常有挑势，形态飞动遒劲，韵味浑融潇洒。藏锋起笔，回锋收笔，方圆兼备变化灵活，姿态优美。通篇写来工整秀劲，循规蹈矩。应是绍承《乙瑛碑》而稍参己意者。其末小楷，工整端庄，虽从"馆阁"而来，更见晋唐风韵。点画干净，线条瘦劲，结体宽绰。品之如观羲之《道德经》，仿佛行于山阴道上。

肆

商道贸易

第一节　继承先业

王梦鹏成年后，每逢清明祭拜祖墓时，遵族长之命为族人诵读鼻祖总纪墓碑碑阴的《静升村王氏源流碑记》："灵石县东三十里，静介里静升村王氏始祖讳实，起自寒微，寄迹本村，诞生一子，派衍流长……子孙蕃庶，绵绵似续，衍而至于数百丁；粮税殷繁，岁岁弥增，积而至于数百石。士者经史传家，英辈迭出；农者沃产遗后，坐享丰盈；工者彻通诸艺，精巧相生；商者逐利湖海，据资万千……正所谓："绵绵瓜瓞，衍庆无疆者也。不惟介里擅其美，灵邑推其盛，而且一脉迁河南称为巨族，一脉遗山东比隆本宗……"正是从该碑文中，王梦鹏对先祖创家立业的不易有了深刻的了解，并萌发了为振兴家族而发奋的宏大志向。

王梦鹏是位热心村政的乡绅，也是位热爱家乡历史文化的学者。静升村西社聚会议事多在村西后土庙举行。每当议事结束，王梦鹏便会留足庙中反复诵读《平阳府霍州灵石县静升里重修古庙碑记》，碑中言及"……迨景泰三年（1452年），时当仲春，本乡富家翁王贤同男义官王演等重修，迄今历年既远，屡经风雨，是以庙宇倾坏，圣像暴露，见者心虽不忍，而力不能及也。时有里之耆老王伦辈，触目感心，偕男王铎、王锐、王铭、王镜、王钦、王锦、王铨亦欲重修……乃出己财，而众亦多助之者，故于弘治十五年（1502年）正月初三日令辰，因昔人之旧制，为轮奂之一新……"

解读碑石文字，查阅家族谱本，王梦鹏得知，碑中提及的王贤，为其族中第六世祖，王演与王伦均为王贤之子，王铎、王锐等七兄弟当为王贤之孙辈。

这祖孙三代人中的王演，曾于明正统三年（1438年）任职灵石县瑞石所大使，办理商贾等税收，掌管准批经营盐茶凭证，掌运送粮食物资到边关等事务。到明正统十四等（1449年）"土木堡之变"，英宗被俘，明王朝危机空前。兵部尚书于谦力挽狂澜，选将守关，各地募兵，赶造兵器，运送粮秩，北京保卫战开始。遵上司之令，王演这位瑞石所大使在父亲及族中兄弟，更有乡中父老的支持下，火速运粮、运兵器到京师。北京保卫战胜利，明王朝转危为安，王氏商队自然受益颇丰，已成为"本乡富家翁"的王贤、王演父子顺势将商贾队伍发展壮大，使家业飞黄腾达。

王氏的商贾贸易得官方支持步步向前，其遵循的理念就是其始祖王实兄弟四人的名讳："忠""信""诚""实"。所有的这些先祖业绩，王梦鹏都一一牢记在心，并一代一代传承下去。

当时间推移至清雍正之时，第十二世王大清所立祖茔之碑渐有风化剥落。为之王梦鹏之父族长生员王正居、族叔居士王恪与族人共商"经理重立"之，并责成王梦鹏"重摹元刻上石"。

责无旁贷，因为康熙间王梦鹏是位"品行兼优"的优生，并且喜书法，"好临池"，无须多言，王梦鹏挥笔"重摹元刻"，并请来石刻匠人等刻文碑上，立于"王氏佳城"鼻祖王实墓前。

这项工作多得堂弟王梦简之助，因为有族中共议，有父辈之命，王梦

鹏留居家乡统领族中的士、农、工、商等各项事宜，王梦简则重在"勤居积，远股贾"注重商贾贸易。兄弟合作，"至若农工商贾之俦，各抒所长，以相与著美，于时者济济称盛"。

王梦鹏重摹祖茔"总记墓碑"与碑阴的"源流碑记"，为的就是牢记先祖之业，代代传承，以至永远。

该碑功成于"大清雍正六年（1728年）岁次戊申夏六月念八日谷旦"。到"大清乾隆二十八年（1763年）七月十五中元之日"，族侄州同王者楠"再录原文勒石"。这一碑石的"监工人"内可见王梦鹏之子贡生王中极。王中极承继父祖之志成为通天豪商。

在祖父王谦受于清康熙六十一年（1722年）以京富绅身份参加圣祖在紫禁城乾清宫举行的千叟宴之后，历雍正、乾隆，于嘉庆元年（1796年）也恭赴仁宗在紫禁城宁寿宫皇极殿举行的千叟宴。待后叙及。

第二节　捐马平藩

明天启年间（1621—1627年），王氏家族已与明皇室后裔——霍王府的镇国中尉朱俊栏及其子辅国中尉朱充炘联姻，为姑表之亲。明崇祯年间（1628—1644）战乱纷飞，殃及山西，祸至灵石。据清嘉庆二十二年（1817年）版《灵石县志》可见："崇祯四年（1631年）五月十三日，秦寇王家邱贼众万余自北而来，焚掠乡村，烟火几绝；六年（1633年）八大王、张宪忠、老回回等率众数十万临县境，庐舍成墟，民皆远避山崖中；七年（1634年）贼众又至，焚劫地方，骚扰山林，自此频被其害。"特别是明崇祯十七年（1644年）正月，闯王李自成在西安称帝，国号大顺，年号永昌；二月，大顺军入山西，沿汾水之路北上，途经平阳府霍州地境，对明霍王府朱氏子孙大开杀戒。

为避灾免难，辅国中尉朱充炘逃出霍王府地，避匿绵山之麓的栾空之中，其岳父王兴旺悄悄将其一家接到王氏老宅"明远凝固堡"，安置到堡院后宅之内，并将所带细软悄悄挖洞置瓮封藏地下。为防不测，特别安顿堡中族人对外一概称其婿其甥为王氏子孙。

　　清顺治六年（1649 年），绵山有前明总兵侯和尚反清起义，义军发展近万，静升村有人卷入。这时的朱充炜虽有反清复明之念，然子幼妻弱，丈人反对，随着侯和尚造反被镇压，只得静待时局，龟缩堡内，唯王梦鹏的族祖父王兴旺之命是从……

　　时推境迁，清康熙初，政局渐趋稳定，罢禁止民间养马之命。王梦鹏的伯父王谦受等商贾队伍再起，远赴口外贩马内牵。为保家族稳固，为保商贸兴旺，王谦受这位"制行雅有儒者风"的商贾奇才决定：留"沉静寡言，不禅劳苦"的二弟王谦让与"温厚和平"的四弟王正居"总理家政，经理田园"；同时教五弟王谦美与"子侄籝灯课读"。他与"性情磊落，读书领略大旨，务实学"的三弟王谦和"贸迁齐间"。

　　王谦受、王谦和兄弟俩的生意在族叔王兴旺、族兄王斗星等长者的指点下，做得红红火火，声震京畿。

　　清康熙十二年（1673 年）十一月二十一日，平西王吴三桂打着"兴明讨虏"的幌子，杀死云南巡抚朱治国等，举兵反叛。随之有靖南王耿精忠、平南王尚之信响应。"三藩之乱"战火燃遍大半个中国。

　　对于"三藩之乱"，王谦受兄弟及族人、村人都认为：吴三桂等事明叛明，降清反清，再打上"兴明讨虏"的旗号欺民害民，实为乱臣贼子。而当今的康熙帝虽年岁尚轻，可智擒鳌拜，永停圈地，罢禁止民间养马之令等，发展生产、利国利民之举实在可点可赞。特别是在三藩叛乱之初，便调兵遣将，以山西太原、山东兖州作为后方支点，控制了东西与南北两条孔道，策应前线，保证军需到位，实乃少年英主者是也。

次年十二月，陕西提督王辅臣这个吴三桂的干儿子在宁羌（今陕西宁强）叛变，杀经略莫洛。陕西陷入战乱，波及山西。平阳府（今山西临汾市）近临陕西，朝廷调兵遣将，军前急需战马等军需物资。

是时，正在口外贩得 24 匹骏马的王谦受、王谦和兄弟俩立即驱马直奔平阳府衙，路上幸遇军校举荐，将这 24 匹骏马全部捐出，并向平阳府知府表示愿为国分忧，为平三藩出力。

平阳府知府正为军马等军需物资犯愁，见之大喜，立即上报山西援剿提督陈一炳，遂委王谦受、王谦和等王氏族人担当起筹运军需物资的重任。

兄弟俩为之兴奋，也为之着急。得族叔王佐才、王兴旺等指点，得族中兄弟王斗星、王烈星、王懋躬、王肃等全力支持，借得官威，如虎添翼，官商同志，如鱼得水，或塞外购马，或中州集粮，所有军需物资一一依次到位，送抵平三藩前线。

清康熙十五年（1676 年），势穷力竭的王辅臣自杀身亡。清康熙十九年（1680 年），留居家乡总理家政的王谦让喜得贵子，取名梦鹏。康熙二十年（1681 年）九月，清军消灭四川吴军，十月攻破昆明，吴三桂之子吴世璠自杀，"三藩之乱"战事结束。谦受、谦和兄弟返乡共祝侄子梦鹏的周岁生日。其姑父朱充炜和姑妈王氏自然也莅临祝梦鹏——鹏程万里。因为他们全家得王氏族人的共同庇护，没有卷入绵山的侯和尚造反之中，也没有误投到吴三桂的三藩叛乱之中，有幸得以匿居静升村西明远凝固堡，苟全性命于乱世。

之后王谦和也喜得贵子，名之曰"梦仁"，继之又生子梦简。梦鹏、梦仁、梦简三兄弟追随兄长梦麟之后，嬉戏玩耍，更得叔父正居的教导，长大后牢记先人业绩，开启了他们的创业之旅，使王氏家族的士、农、

凝固堡

工、商更加蒸蒸日上，步步高升。

第三节　兄弟创业

先时王梦鹏的父辈兄弟叔侄同爨 50 余年，后因丁口日增分爨分居，银钱资产责任到人。为保商贾有序，王梦鹏、王梦简及兄长王梦麟、王梦仁都各出巨资投入其中。不幸的是，王梦仁年仅 21 岁便辞世归天，王梦麟也因突发疾病，抛下爱妻幼子离开人世。财东巨股的管理分配就全落到了梦鹏与梦简的身上。

其时，王氏商贾贸易正蒸蒸日上，家族中有行商，马帮驼队庞大，走南闯北顺畅，行东赴西无阻；有坐贾，摊点店铺广设，京师重点货全，全国各地兴隆。行商坐贾相辅相成，相得益彰。而这些都需有人管理，选择掌柜就成了王梦鹏、王梦简的重任。如何挑选这一个又一个行商坐贾的掌柜，他们的标准是品行兼优，德才皆备。一旦选用就"用人不疑"，而达不到这标准的当然是"疑人不用"了。

当选中了自己信赖的精明能干之人做了掌柜之后，王梦鹏、王梦简这些财东除了年终审阅报表外，其他具体事务概不过问，放手由掌柜管理。而对这些当了财东家商号的掌柜们来说，他们"择主而事"，定然忠心耿耿，克己尽责，时时处处都在谋求商号的发展，绝不会掉以轻心。

王氏商贾字号、马帮驼队的职员设置原则是"因事设人"，绝不"因人设职"。通常他们采用的是大号管小号、总号统支号的办法，层层节制。每个商号的从业人员一般在十人上下，其中大掌柜、二掌柜、三掌柜（即柜头掌柜），还有内事先生、柜员等，一概主从关系明确，内外职务分明，上下协调，依章办事，有条不紊。

为保物资供货到位，马帮与驼队集队而行，一队有 15 头骆驼，由 2 人骑马牵引。10 队合在一起称之为一房。这一房当有 150 头骆驼，骏马 20 匹，赶驼骑士 20 人。这马帮驼队常常集数房相随，成千列队而行，似一条长龙在沙漠戈壁浩荡前行。另外还有车帮，车帮有驼车、马车、牛车三种。驼车由两头骆驼驾之。牛车、马车有异。每帮车队出发，多者百余辆同行。"日而驾，夜半止，白昼牧畜，必求有水之地而露宿焉，以此无定程，日率以行四十里为常。"

为途中安全，每个帮队出发必须有镖师和卫犬相护，以防盗匪劫掠。露宿之时，车队列为两行，成椭圆之形，作为营卫，镖师巡逻;入寝睡眠之时，以狗犬代之，故称之为卫犬。

为求商贾发展通畅无阻，王家人还与官府朝廷打点通融，随之取得盐与茶的专卖权，将商贸重点放在盐茶的经营上。

远在明正统、景泰之年，王氏先祖已运粮实边，茶马互市口外，充河东盐商。今尚可见明代创建的王氏"明远凝固堡"堡墙上，富足沟"里仁巷"沟畔山梁上，还有王家老宅拥翠巷崖畔，及清乾隆间建的和义堡堡墙等处有茶树生长，村人称之为"黑林朴"。有两位年过古稀的老太太曾对笔者言称："该黑林朴之叶炒七、蒸七所制的茶清香扑鼻，但千万不可喝浓茶，喝上这浓茶拉肚子，泻火太厉害。"然正因如此，这茶到了天天吃肉的蒙古人口中，则是求之不得的泻火之饮品了。

据历代版《王氏族谱》和可考的碑石文字可知：明万历之年，第十三世王邦禄任盐大使之职。入清，康熙、雍正年间，第十八世王世泰"尝膴河东场（盐）务"；乾隆年间，第十八世王锡玚"议叙加盐课司提举"；嘉庆间，第十八世王锡蒲任甘肃宁州知州兼理平凉盐茶同知；第十八世王汝明任盐运司运同；

里仁巷

道光间，第十八世王翰藻任议叙盐运司知事；第二十世王鸿渐任两淮盐运司经历；咸丰间，第二十一世王葆荣任议叙盐运司知事；同治间，第二十一世王鸿远任议叙盐运司运同；王鸿翔任泾州粮台，盐运司运同……

　　如上任职盐茶事务的王氏族人，王梦鹏、王梦简及其后人在该方面的经营当得几多好处，盐茶专卖当得多少利润，这些都不言自明。

　　在获得经济利益的同时，王家人也有很多的无奈。如，清康熙、雍正年间的第十八世王世泰尝膴河东场（盐）务，充河东盐商，年事已高之时，其子舆来继父之职经理盐务，无暇管理家事。无奈之际，其弟聘来只好家中事无巨细，都来管理，由于家务纷繁，王聘来的"举业遂废"，退出了科举及第之列。

　　王梦鹏也是这样，为统领家族事务与商务，这位县学优廪生员放弃了学业。就是王梦简这位县武庠生员虽然有父亲为他捐的州同加五级，后又诰授中宪大夫的职衔，也弃仕从商，同样投资巨股，兄弟联手，与族人共进，奔波在商海途中。清康熙晚期，王氏家族"寝炽寝昌，土宁渐广，子孙渐繁，一时身列儒林，名登仕籍者五十余人。至若农工商贾之俦，各抒所长，以相与著美，于时者济济称盛"。

第四节　家族稳固

王梦鹏、王梦简兄弟俩曾将《晋省地舆图》描绘出来，将各州、县地名标出，写上相互之间的路程距离，其后世子孙将该图刻于碑石之上，其鲜明的商务用途不言而喻。

在清嘉庆年间，王梦简之子王中堂将《大清万年一统天下全图》置得，收存起来供族中外出经商、为官宦之人读阅牢记，以使路路通达。其时中国的版图为1300余万平方公里，现蒙古国与俄罗斯多地均为中国领土，王家的商队依然到达。该图在王家大院开发之初，由其后辈第二十二世王连根先生捐出，展示其于王家大院视履堡敬业堂客厅东壁供游客观赏。

也正是有了这省图、国图的引领导行，王氏商队的足迹遍布各地，财源滚滚，"致产数万数十万者"尽在情理之中。

有如此厚实的经济基础，然王梦鹏、王梦简等王氏族人绝不会浪费一粒粮米，他们的个人生活绝对俭朴有加。在清乾隆版《王氏族谱》中言

及王梦鹏、王梦简兄弟二人的"持家政、琐屑必有规矩，家虽丰，自奉极俭约，而济物利人，不惜倾囊从事"，他们个人生活节俭有加，然对族中、村中等公务却全都"性情慷慨，有古君子风"。

清世宗雍正皇帝爱新觉罗·胤禛对晋商曾言称："山西老抠会聚财。"这老抠中就有王家商人王梦鹏、王梦简兄弟及其父祖辈在内。因清康熙六十一年（1722 年）正月，王梦简之父王谦受参加了在乾清宫举行的千叟宴。对谦受公等晋商的务本节用、发展商贸之举，雍正帝早有所闻，故有此言。

考清乾隆二十三年（1758 年）《王氏先茔补筑来龙记》碑文可见："绵之曲，有村曰静升，王氏聚族于此。溯厥始祖，至今方二十余世，而丁口已三千余人，致产有数万者，有数十万者，余亦能饶裕自给，仕宦为郎，或至刺史，分宪何其盛也。"这内中王梦鹏的务本节用、统领全局之功当列首位。

第五节　诚信为本

静升村西王氏鼻祖，讳实，字诚斋。王实兄弟四人，分别为王忠、王信、王诚和王实。后世子孙牢记先祖名讳，无论是家事、国事、天下事，特别是商事，都以忠、信、诚、实为根本，其第十五世孙王梦鹏、王梦简做得尤为突出，流芳千古。

王梦鹏的族兄王寅德与朋友合作经商，不幸的是商友突发重病，王寅德为其延医请药，全力照顾，然商友无福，辞世归天。王寅德谨遵仅有的口头协议，将孳息余财如数授诸遗孤，纤毫不爽，分厘无缺，并时时周济，给予照顾，直到商友遗孤成人立业。因之，同行商友，同里乡人，都为王寅德的诚信击节称誉。对于族兄的善行王梦鹏记之于《王氏族谱》中，奉为族中楷模。

族兄对朋友如是，王梦鹏对村人邻里亦如是。村中多户人家，为生计曾向王梦鹏借银以度时日，然经久历远仍无力偿还。王梦鹏便请来借银者，取出借据，当众焚毁，以绝借银者还债之虞。借银者感谢不尽，然王

梦鹏却反复叮嘱大家以后如有急需，只管开口。

孙辈王文山与王汝砺入籍沁州。文山为清道光乙酉（1825 年）拔贡，汝砺为恩贡。在王梦鹏的影响下，文山、汝砺也乐善好施，义行乡里。据《山西通志·义行录》载：王文山"孝友纯笃，敦尚节义"，有商贾老友客死他乡，他送护归里，以礼葬之。又有一已故商友之子"乞食于途"，他"收养之"，及年岁渐长，还为之娶媳，操办婚礼。

又载，王汝砺"素与某商友善，朝夕过从"。某日，王汝砺到商友家造访，商友正将数十枚元宝摆放于桌上清点，准备购货之用。忽听门外有人叩门，仓促间将元宝收入柜中。次日商友收拾元宝银两要行，竟少了一个大元宝。当时，有伙计到汝砺家谈及此事。王汝砺笑道："吾与汝等戏耳，行当以原物来归。"于是将一个大元宝送去。自此"不入其门"。年终，商友家卫生大扫除，发现大元宝在箱柜之后，众人"相视失色"，太冤枉好友王汝砺了。于是在春节过后盛宴王汝砺，归还大元宝，再三致歉。王汝砺坦然道："君辈果能相信，必定不能相问。我怕疑及众位贫穷伙计，至生不测。我的所为，是为全交，也为省事。大家都不必记挂在心。"

第六节　亲友合作

王梦鹏、王梦简兄弟与王氏水、木、金、火、土五派子孙承继先业，商贾贸易、官宦仕途滚雪球式向前发展。历史上静升王氏与本邑两渡何氏、蒜峪陈氏、夏门梁氏共称灵石四大家族，还有近邻的介休县境的范氏皇商、翼氏巨商等均为晋商队伍的精英与中坚。

王梦鹏、王梦简兄弟及族人在长辈的言传身教中，他们的商贸队伍足迹遍布华夏。他们或行走在恰克图，或行走于边境上的祖鲁海图，因为在这两个地方，清帝国的商人和俄国的商人贸易时可以免税。

因之，静升王氏家族的驼队马帮一贯结队而行，或顶雨雪走西口，或冒雷电涉草地，或忍饥饿越沙漠，踏出了数以千万里的条条商路。为与蒙古人、俄国人交流，他们请"通事"翻译，进而自己苦学，并把汉字教给对方，这样对促进双方的经济繁荣和文化发展起了很大的推动作用。静升王氏也因此成了积累有成千上万，乃至千万两金银元宝的巨商豪富。

他们还南下湖广收茶贩茶，西进青海、甘肃行在丝绸之路上，曾有族人贵州贵西道王如玉在平定小金川叛乱时分理粮务。还有王如玉之子王荣荣任职甘肃宁夏道，他曾奉命从甘肃一次调拨军粮十万石，运往四川，"冒雨经寒，备历艰险"，又随营督办各路军火粮饷，始终不辞。在这一桩又一桩的国家大事中，王氏商贾及之相关的商贾队伍将有多少随从其后！

让我们了解一下灵石王、何、陈、梁四大家族，还有介休范氏与翼氏家族之间的姻亲关系，便会有更深的体会。考清乾隆庚戌（1790年）版《王氏族谱》可知：王梦简的长子王中堂元配梁氏；次子土中立配陈氏。王梦鹏的长子王中辉元配何氏，继配有梁氏；四子王中极，继配有陈氏……

查考散落于外的《皇清诰授奉政大夫候铨府同知采章梁公暨元配王宜人,继配张宜人合葬墓志铭》可见：其"元配王宜人"为"诰封中宪大夫、宣武都尉，诰封布政司经历、乡饮大宾，讳中极公女"。该墓志铭为"例授文林郎、吏部拣选知县、庚午（1810年）科举人愚弟陈肯扬顿首拜撰文，原任翰林院待诏监管典薄厅事务，内廷文颖馆收掌馆、顺天府督粮分府愚弟王尔敏顿首拜书丹并篆盖"。这位王尔敏就是王中极之子，看来梁采章当是王尔敏的姐夫，自称"愚弟"顺理成章。"愚弟陈肯扬"也当如是。

还有《皇清旌表节孝、覃恩貤封恭人王太母（即祖母）翼恭人附葬墓志铭》中言及：这位翼恭人为"介休儒士讳士佰公女"。其丈夫为"山东盐运司运同、灵石庠生"静升王氏第十七世王诚。"顿首拜书丹并篆盖"者为"赐进士出身奉直大夫、吏部验封司员外郎兼考功司事，前翰林院庶吉士加二级姻愚侄梁中靖"。因为梁中靖的族妹嫁王诚与翼恭人之子王赓雅，梁中靖的族侄女嫁其孙王璿。这"附葬墓志铭"即王璿这位府同知职加一级于清嘉庆二十一年（1816年）附葬祖母翼恭人于其祖父王诚之墓的，亦即今人所称的"合葬"。

再考《王氏族谱》又见王诚的堂侄赓唐之妻范氏，当为介休皇商范氏宗族之女了……

如是看来灵石四大家族联姻，与介休范氏、翼氏家族婚配当是"门当户对"。他们携手共进，或行商坐贾，贸易于八方；或入仕为官，执政于官场。官商联手，以忠以诚，造福于社会，造福于国家，更造福于家乡。

王梦鹏、王梦简兄弟承继先祖之德之业，联手各方，使家族"繁衍昌炽，列绅士者，几于邑十之一"。村境之内有一半以上为王氏族人。其王氏所建"五巷六堡"宅院总面积达25万平方米之上。家族中从事商贾贸易者代代传承，为社会提供了方便舒适的物质生活，经商实现了其人生的价值，并成为其终生奋斗的事业。其父辈王谦受、子辈王中极、孙辈王如玉等深得清康熙、雍正、乾隆、嘉庆帝的赏识，或表彰有加，或赐银牌马褂，或奉旨进京内廷召见，或恭赴千叟宴，多得朝廷褒奖。他们的商贾贸易有大有小，正如清代大学士山西寿阳人祁寯藻所写的《读货殖传》小诗所言：大贾富一国，中贾富一方，小贾争锥刀，亦能充盖藏。静升王氏家族中，大贾、中贾、小贾都有，他们亲友合作，互相帮助，齐步向前，共创伟业，可点可赞！

第七节　经商有术

清乾隆九年（1744年），族中第十七世监生王如玑考州别驾，得授县丞，授例选授内务府光禄寺掌醢署署正。光禄寺从北齐开始设置，掌皇室膳食，历代沿设。清时皇帝膳食归内务府掌管，光禄寺为其所辖，负责祭祀所用食物等项，下设大官、珍馐、良酝、掌醢四署。王如玑任掌醢署署正，有署丞协助其工作。"居职二年，克勤克慎"，所有事务全都办得有条有理，深得信任，每遇祭祀之日，可见乾隆帝尊容。清乾隆十一年（1746年），王如玑升职刑部陕西司郎中，顶头上司刑部尚书大学士孙嘉淦，对其"遇事不苟"赏识有加。官府中有王家子弟当差，对在家总理族务家政的王梦鹏自然是如虎添翼。

人生苦短，清乾隆二十一年（1756年），王梦鹏逝世。王如玑之弟王如玉任职贵州贵西道兼提刑按察司事，"境内大治"。清乾隆三十六年（1771年）小金州（治今四川小金县）叛乱，乾隆帝下令征讨，得额驸忠勇公福隆安这位皇帝女婿的举荐，王如玉被派往四川军前委用，分理粮务。

临行乾隆帝内廷召见，激励有加，赐佛手柑以食。王如玉为之赋诗《分得内佛手柑之赐恭记二律》：

其一

仙佛遗形美特钟，如拳如指异常供。

香从微外来何远，露自天边挹更浓。

玉质融融传粹殿，金膏盎盎溢皇封。

常教万里河流带，岁岁迎恩下九重。

其二

闽南传送到彤墀，此味人间岂易知。

驿路驰来临戟府，家筵留得奉瑶池。

和堪益寿如琼颗，清足调元胜石芝。

甘旨虽多难与并，□□承欢即是拜。

得皇帝恩泽，"分理粮务"于四川军前的王如玉得族人王梦鹏之子王中极商队的全力协作，军粮源源送达。不幸的是，主帅温福无能，粮道被

袭，王如玉战死。乾隆帝降旨赠王如玉太仆寺卿，入祀昭忠祠，建恤典坊于"王氏佳城"，荫一子王荣棨以知县用，世袭恩骑尉。

清乾隆四十五年（1780年），山西巡抚喀大中丞将王梦鹏的孝行义举和其兄王梦麟之妻杨氏守节62年之行奏报朝廷，得旨建"孝义"坊与"青史流徽"坊旌表。两座牌坊均建成于清乾隆五十一年（1786年）。孝义坊今仍立原位，坊心"孝义"二字是清书法家、内阁学士翁方纲所书，其背面为从朝廷到地方负责建坊的各级官员：

经筵讲官、议政大臣、礼部尚书、总管内务府大臣兼乐部太常寺鸿胪寺事务加六级德保；

经筵讲官、议政大臣、礼部尚书兼管太常寺事务加四级曹秀先；

巡抚山西太原等处地方、提督雁门关等关军务、兵部右侍郎兼都察院右都御史加五级喀宁阿；

钦命提督山西全省学政、翰林院编修加三级记录二次刘种子；

钦命山西等处承宣布政使司布政使加三级记录二次谭尚忠；

诰授奉政大夫、知直隶霍州事加五级记录二次单涛；

敕授文林郎、知灵石县事加三级记录四次徐希高；

敕授修职郎、灵石县儒学训导兼署教谕加二级王锡彤。

可见当时从朝廷到地方官员，与王梦鹏之子王中极均有深厚的交往。

就在建坊期间的清乾隆五十年（1785年），高宗"圣驾临雍"，对王中极赞赏有加，并亲赐"黄褂一件，银牌一面"。在当时，身穿黄褂，手执银牌正是身份的象征，更是王家商贾贸易的"护身符"。

清嘉庆元年（1796年）正月，年已85岁的高宗将皇位禅让给太子颙琰，是为仁宗，年号嘉庆。为示恩天下，随之举行千叟宴。王中极奉旨进京"恭赴千叟宴"，叩承"浩荡皇恩"。这位通天豪商，华夏巨贾，有事更可以直达帝听，从地方到朝廷的各级官员都对他敬重有加。至此，王家无论是商业帝国，还是政界影响都走向了辉煌。

第八节　家国同运

　　历清康熙、雍正、乾隆乃至嘉庆间，王梦鹏、王梦简兄弟及其子侄与孙辈统领的王氏商贾队伍承继先业，发展壮大，步步前行。这之中他们付出多多，同时也收获多多。对于他们特别有感的是：商贾贸易的发展壮大必须得到官方支持，必须与朝廷步调一致，必须以国家为重，否则你将一事无成。为了解官方信息，为紧跟官方动态，他们时时结交官场人物，乃至直达帝听。

　　为使家族商业版图进一步扩大，官府的支持护佑必不可少。王家人时时结交达官显贵，与此同时，王梦鹏、王梦简还全力支持族人步入官场，或科举入仕，为官仕宦；或社会举荐，任职一方；或捐纳银两，得授实职，以维护家族利益。

　　查考王梦鹏之子王中极继父之志续修成册的"乾隆岁次庚戌（1790年）新刻《王氏族谱》存厚堂藏版"和"嘉庆二十二年（1817年）纂修

的《灵石县志》本衙藏版"等史册，可见其族人中为官者大有人在：

王　崇，监生，考授县丞，任江西吉水县丞。

王登云，监生，任湖北荆州府经历。

王凤美，监生，以辟举历任陕西咸阳、福建连城两县典史。

王　讷，贡生，加捐盐运司运同，授山东滨乐分司运同，升任广西柳州府知府。

王封楚，监生，任广东雷州府海康县典史。

王肯为，贡生，任户部浙江司员外郎，升任湖南宝庆府知府。

王肯任，贡生，授知府加五级，任户部广西司郎中。

王　讱，贡生，授大理寺右寺丞，任刑部主事，升户部员外郎。

王如琨，监生，顺天府督粮通判加治中衔。

王椿源，监生，荫袭云骑尉，任四川江津县知县。

王臣敬，监生，直隶天津盐运司运同。

王锡蒲，监生，甘肃宁州知州。

王汝聪，贡生，刑部山东司郎中。

……

王家人不仅在全国各地为官，而且商贾贸易也网布诸多省域。王梦鹏族侄王奋志"尝于直隶山东广设生理，宗族乡党赖以举火者不下数百家"，仅当铺就有百座，第100座名之"百顺当"。另有陕西、湖北、湖南、广东、广西、福建、甘肃等各处的商家店铺不计其数。

考静升村三官庙与关帝庙清道光二十八年（1848年）、二十九年（1849年）两组碑石内的捐银名录可见分布全国各地的商家字号、店铺客栈达492家。然而清末的王氏商贾队伍经第一次鸦片战争影响已呈颓势。更可悲的是在频仍的战乱中，王氏族人中任职两淮盐运司经历的王鸿渐和王梦鹏的直系玄孙游幕山东阳谷县衙的王奎聚都先后战死疆场，王氏设在南方的商贾店铺被抢掠一空。到清咸丰十一年（1861年）时，王氏族人与静升村民因"商多失业，人乏力以资生"，于是村中开义仓赈饥，"计口给米，共赈九百一十三户，大小二千八百五十口，用银九百五十余两"。

正可谓国运盛、家运盛，国运衰、家运衰，国无幸世，家无宁日。

伍

土木华章

王家大院是散落在中华大地上的一颗璀璨的明珠。它的文化形态经过数百年的发展，在选址、规划、布局、装饰等方面都承载着深厚的文化积淀，这其中主要体现在两个层面上，首先是建立在《易经》理论基础上的风水学，这是创建王家大院的基础；其次是入仕的儒家文化，这是王家大院家文化的核心。以静升王氏第十五世祖王梦鹏为代表的创建者，在选址和创建之初就表现了创始人的人格理想和居住理想。

王家大院的审美形态扎根于中国传统文化的土壤，首先是适合农耕与居住的自然环境，其次是具有"天人合一"的生态环境，第三是有着优美的情境和意境。王家大院不仅是一种生存理想，而且也是安顿创建者灵魂的精神家园。

王家大院建筑群作为一种传统聚族而居的类型，充分体现出天人合一的整体观念，即人与自然的和谐之道，敦宗睦族的沟通意识。王氏家族大兴土木于明万历年间至清嘉庆十六年（1573—1811年），这期间，王家的修建工程几乎没有间断，由西向东，由低而高，逐渐发展，修建了"五巷六堡五祠堂"的庞大建筑群，总面积达 25 万平方米以上。其中"五巷"分别为拥翠巷（王家巷）、钟灵巷（翁门底）、锁瑞巷（肥家沟）、拱秀巷

王家大院鸟瞰

（上坊里）、里仁巷（富足沟）；"六堡"分别为凝固堡（小堡子）、崇宁堡（西堡子）、恒贞堡（红门堡）、拱极堡（下南堡）、和义堡（东南堡）、视履堡（高家崖）；"五祠堂"分别为王氏宗祠、敦本堂（亦名怀远堂）、土派家祠、孝义祠、好善乐施祠。

王家大院民居建筑群继承了我国西周时期（约前1122—前771年）即已形成的前堂后寝的庭院风格，轴线分明，左右对称、封闭。经历明清两代发展，数百年努力，建成了以"龙""凤""龟""麟""虎"五瑞兽为意象的、具备了完整意义的古城堡形态，雄踞静升古镇，有青龙升腾（恒贞堡）、凤凰翔舞（视履堡）、龟拉尧车（和义堡）、麟吐玉书（拱极堡）、虎卧西阙（崇宁堡、凝固堡）的美称。

其实早在明代，静升王氏为了强化族权对日常事务的管理，便以"金木水火土"五个支派为主导，以政治经济实力为后盾，开展了大规模的营造活动。从支派上看，金派建有里仁巷，木派建有崇宁堡及钟灵、锁瑞二巷，水派建了和义堡，火派建有恒贞、视履二堡及拱秀巷，火土两派合建拱极堡，土派建有凝固堡。

因本书是研究人物的专著，故这里只详细介绍涉及王梦鹏火派支系方方面面的堡巷民居、祠堂坟茔，荟萃了峻巍城堡、乌衣巷陌、深深庭院、崔嵬宗祠、贞节牌坊和肃穆佳城等历史遗迹。

第一节　峻巍城堡

"堡"为里巷的升级，其内部规划严整，对外则有周密的防范措施，宛然一座微缩的城池。堡墙是抵御敌寇盗匪的防御工事，犹如城墙，外壁倾斜，监护马面，堡内多为聚族而居，水源、食物、生活设施一应俱全，倘有不测，则紧闭堡门，以保安全。在现存最早的明万历版《灵石县志》中，都可以找到关于静升村内城堡的明确记载："静升堡，在县东二十里静升村北山上。此地通介休，路极坦平。往年虏易长驱，今足以扼其冲云。"为避刀兵，众乡民纷纷结堡而居。自明代中叶至清嘉庆年间，仅静升村就建成朝阳堡、恒泰堡、凝固堡、崇宁堡、恒贞堡、拱极堡、和义堡、视履堡八座城堡，甚是雄伟壮观。八座堡子中有六座为王氏家族建造，其中属于王梦鹏支系的火派创建了恒贞堡和视履堡，火土两派合建了拱极堡。而恒贞堡和视履堡即现在已开放的王家大院的主体建筑群。

恒贞堡

恒贞堡俗称红门堡，"恒贞"取自《易经·恒卦》，意思是纯正而恒久地坚持正道，就会吉祥，就会成功，就会无往而不胜。该堡位于静升古镇道左沟与肥家沟之间的山梁上，由西王氏第十五世优生敕封儒林郎、赏赠中宪大夫王梦鹏和堂弟武生候选州同加五级、诰授中宪大夫王梦简支系创建于清乾隆四年至乾隆五十八年（1739—1793 年），历时 54 年。恒贞堡是一组全封闭城堡式建筑群，堡墙南北长 180 米，东西宽 139 米，最高处达 28 米，总面积 25000 平方米；堡墙上设有垛口，四角有角楼，东、西、北堡墙中又设有堞楼，南堡墙中间为三间带抱厦的歇山顶堡门楼；堡内共有大小院落 88 座，房屋 776 间。

恒贞堡建筑群的基本特点有五：一是阖族建堡，人多势众，团结一心，便于防范。建筑布局成"王"字造型，既符合天人感应、天人合一的天地人三横一竖沟通引福致祥的含义，又有训诫子孙世守祖业的教化之

恒贞堡

意。二是东西等高布局，四甲院落前低后高，逐甲上升，甲与甲之间高差五米，形成偏正方位、依山就势、波澜起伏的建筑态势。三是建筑装饰上，粗犷中有缜细，古朴中蕴典雅，图案简练，内容丰富，技艺高超，儒道互补，文武兼备，寓意深邃，有祥禽瑞兽，有历史人物，地域装饰风味浓厚，把传统家文化渗透到建筑群的各个角落。四是突破前堂后寝之常规，顶甲花园建在宅区前面，成前园后室之格局。五是建筑规制档次有差别，既有富丽堂皇的存厚堂、存礼堂、三槐堂，又有风格别致的司马第等。尤其是五品以上官员的住宅进深均为二进或四进四合院，分东中西三路，前堂后寝，功能齐全，尊卑有别，长幼有序。

　　整个城堡有三个出口处，分别开在东、南、西三个方位，其中南堡门为恒贞门，属正门，设前后两道大门，堡门楼上悬有清乾隆五十八年（1793 年）桂月恒贞堡族人同立的"阖堡同宗"牌匾，并挂有"一

门天性之乐祖孙父子兄弟，百世传家之宝诗书礼乐文章"的木雕联。堡门外设有八字形大照壁，正面是石雕封侯挂印，寓意路路畅通，两边石刻七绝两首。照壁背面是砖雕麒麟，配以法螺、书卷、珊瑚、方舟、如意、祥云、灵芝，称之为祥云瑞日麒麟图，集儒、释、道吉祥物于一体，构图简洁大方。堡门内东西墙壁上刻有直径 1.4 米的平面圆形青石雕《先贤家训》和《程子四箴》的家训文字。朱子家训教育族人勤俭节约，敦诗说礼，修身齐家，安邦治国；程子四箴则把儒家"非礼勿视，非礼勿听，非礼勿言，非礼勿动"的信条加以深化，并提高到理性的认识高度，以收到制外

安内、克己复礼之功效。

木雕匾额·阖堡同宗

恒贞堡建筑群的院落在布局上均严格按照轴线对称排列，不仅有直观的"王"字造型，在建筑意象上还被誉为"青龙升腾"。高扬的堡门是龙头、底甲的"龙潭""凤泽"两眼水井是龙眼，堡内纵贯南北、前俯后仰的"王"字的那一竖是龙身，而这通道上用鹅卵石铺就的路面便是龙鳞，通道两旁院落前的巷道是龙爪，后堡墙中间的中亭是龙尾。不管怎么说，恒贞堡体现的是一种宏伟气势！有专家称，恒贞堡是唐代长安城纵横棋盘式的方正建筑格局的遗存典范。2006年5月25日，恒贞堡作为王家大院的重要组成部分和视履堡一起被国务院列为"全国重点文物保护单位"；同年12月15日列入《中国世界文化遗产预备名单》。

拱极堡

拱极堡俗称下南堡，"拱极"典出《论语·为政》："为政以德，譬如北辰，居其所而众星拱之。"后因以称天下太平，四方归服于朝廷之意。清乾隆十四年至十八年（1749—1753年），西王氏家族第十六世监生王清喜、王方章等13户共建此堡于静升古镇南平坦处，占地面积11800平方米。该堡亦为规则的全封闭矩形城堡式建筑群。北堡墙一丈铺底，南面九尺，东面

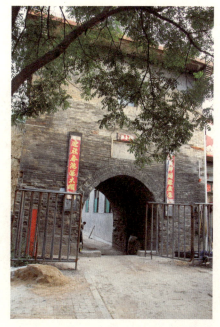

拱极堡门

137

八尺，西面七尺；堡门开在北面中央，属向心型建筑，占地面积 30.4 平方米。堡门外对一壁，外屏井臼。堡内南北马道宽一丈，东西巷宽九尺，独南墙根底东西马道宽一丈三尺，东安碾一盘，西凿井一口。堡内院落共 12 座，每座均为三进跨院，分三甲而建，均为南北长 13 丈，东西宽则五丈三至五丈六不等。整座堡子的布局也呈"王"字造型，拱极堡被意象为"麟吐玉书"。清道光二十九年（1849 年）曾进行过修葺。

视履堡

视履堡俗称高家崖，典出《易经·履卦》，"视履考祥，其旋元吉"，说的是行为当合乎礼的要求，要时常考察自己的得失，就会一生大吉。该堡位于静升古镇道左沟的东山梁上，清嘉庆元年至嘉庆十六年（1796—1811 年），由王梦鹏族孙第十七世优增贡生、议叙州判、刑部山东司郎中加三级、诰授朝议大夫王汝聪和布政司理问加三级、诰授奉政大夫王汝成兄弟俩创建，为静升王氏家族最后修建的一组不规则形大型城堡式建筑群。该堡占地面积达 19572 平方米，有大小院落 35 座，房屋 342 间。堡内穿越东、西堡门的是一条宽敞的东西向马道，沿马道的北向并列六路院

视履堡门

落，这里所谓的"路"，是指前堂后寝的两府第外，又有主院落向东西延伸的次属建筑，即"两正四偏"布局建筑群。主体院落乐善堂和敬业堂东侧均为各自的书塾和厨院，两主院西侧为桂馨书院和兰芳居花院。

简言之，该堡在建筑风格上自有其特点：一是倚山建堡，负阴抱阳，背山面水，鳞次栉比，层楼叠院，错落有致。建筑借地势的高下，使平面空间结构立

视履堡马道

体化，地势则借建筑的韵律而生气势。二是堡墙高筑，四门俱全，由四道封闭圈组成的、自西周即已形成的前堂后寝多进庭院建筑，丰富了封闭空间层次，增强了安全防范功能。主体建筑严格按照封建典章制度规定的等级品位建造，反映了封建社会等级差别及文人士大夫的意识和理想。三是气势雄伟，功能齐全，布局以南北中轴为主线，左右对称，院内套院，门内有门，厅堂楼阁，各异其宜。书院、花院、厨院、围院成龙配套。石雕、木雕、砖雕，题材众多，内容丰富，雕法娴熟，技法精湛，为清代建筑装饰"纤细繁密"的典范。主体院落均为三进式四合院，均设有祭祖堂和绣楼。各院落既珠联璧合，又独立成章，其或隐或现，多种多样的门户，给人以院内套院、门内套门的迷宫式感觉。仅前后左右上下相通的大小院门就有 65 道之多。视履堡被意象为"凤凰翔舞"。1997 年灵石县人民政府对其进行修葺后对外开放。2006 年 5 月 25 日，视履堡作为王家大

院的重要组成部分和恒贞堡一起被国务院列为"全国重点文物保护单位";同年12月15日被列入《中国世界文化遗产预备名单》。

第二节　乌衣巷陌

乌衣巷是东晋时王谢两家豪门大族的宅第所在地,两族子弟都喜欢穿乌衣以显示身份尊贵,因此得名。故此借代于此。巷作为一种特殊的防御性住宅群,成为静升古镇风土建筑中最具特色的组成部分。明季频繁的战乱使本土乡民不得不广设壁垒,以求自保。于是自明代后期始,静升及其周边的黄土塬就逐步形成了堡巷连片的格局。静升九沟内的居民为防卫自救保平安,纷纷在沟口或居民住宅外建造巷门、巷墙以为屏蔽,重点突出防御功能,共成巷18条。这18条巷子均建在静升东西五里长街以北,从东至西依次为敬阳巷、田家巷、仁厚巷、孕秀巷、孙家巷、程家巷、阎家巷、拱秀巷、钟灵巷、锁瑞巷、祯明巷、拥翠巷、镇塞巷、荫槐巷、文安巷、承明巷、西宁巷和里仁巷。所有巷门均设在临街处,或隔巷相望,或毗连错落,形成一个相对独立而封闭的聚居区。18条巷子中有五条属于静升王家,分别为拥翠巷、钟灵巷、锁瑞巷、拱秀巷和里仁巷。因王梦鹏属火派人物,故这里只叙述属于火派的拱秀巷。

拱秀巷门顶的『节著天朝』石坊残联

拱秀巷

拱秀巷俗称上坊里,位于静升文庙之西,孝义祠之东,视履堡之南,南临东西大街,由西王氏火派创建,始建时代不详。里坊本是古代的城市街区,隋代称"里",唐代称"坊"，但当地百姓至今仍俗称拱秀巷为"上坊里"。拱秀巷巷门建于明万历三十六年（1608年），巷门为砖券门洞，顶上原有一座"节著天朝"石质牌坊，现仅存坊石柱一根，孤立于拱秀巷口东侧，上镌刻"矢老雍他贞烈能增青史重"。该坊是历史上王氏家族16座牌坊中修建最早的一座。该巷内最有特点的民居即宜安院和两益当。

宜安院位于拱秀巷内，创建于清康熙十四年（1675年），占地面积近2000平方米，院落坐北朝南，前院单独成院，为一进院落布局。中轴线上建砖券窑洞三间，前檐建木构单坡顶，上设绣楼。墀头为砖雕松竹梅兰。大门为硬山顶，门口设石狮及上马石。从该院东侧有甬道可通后院，后院为三进式四合院，东向开门，前院由正厅、东西配房和倒座南厅组成。穿过正厅是一条带小院，中轴线上建大门、正房，东西两侧建有厢房。正房共分三层，一层、二层各建砖券窑三孔，深一间，平顶，三层为祭祖堂；一层前檐建木构单坡插廊，大门为单檐悬山顶门楼，门额题书"宁静"，大门西侧有神龛，东侧有厨房库院、马棚院。清嘉庆元年（1796年），第十五世王睿峰对宜安院进行了大修，时任霍州知州蒋荣昌为其前院门额题书"光裕"并序，现保存基本完好，院内石刻山水画残存，门头窗雕花精美。虽历史久远，物是人非，但当年建筑艺术之匠心，仍让人赞叹不已。

"两益"当铺院门

两益当，俗称当铺院。位于拱秀巷内，南临东西大街，约建于清末。两益当分正偏两院，主院位居东侧。由于其地坡度高差较大，故在主院之南房下筑起几孔锢窑，用以出售各类到期未赎的死当物品。为招徕顾客，售货的入口便朝东西大街而设。这种处理不仅使院内地面平整，而且将典当之所于售货区有机隔开。同时也使院落的空间明显增大，加上二层的仓库，从而使当铺所存的财物得以安全保存。两益当的建筑形体因南向整体抬高，受地理位置的局限，只好在两益当的东北向开设了一道窄门。这是基于典当生意的特殊考虑，所以入口处也无须过分显眼。两益当设了两道门，大门外悬有砖雕"两益"匾额，二门悬木雕"裕国便民"匾额，大门扇厚达 10 厘米，且包有铁皮，门内有门栓两道，可谓门禁森严。二门则于平常门无异。两门之间大约两米见方之处就是交易场所。交易柜台位于北向，对外开有小窗。台面较高。典当之人需将被当物举过头顶才能置于柜上。

两益当的布局与其他多数民居不同，因大门开于东北向，其正房位于南向，北房一层为账房和交易处，二层为库房。正房呈大小不等五开间布局，其跨院的面积约为正院的三分之二，两厢为伙计居所，南设灶台。跨院北向仍为二层楼，仓库室内空旷，顶部梁架未做装饰，面层由木板拼接，便于存取大宗货物。

第三节　深深庭院

步入王家大院，扑面而来的感觉就是一个"大"，数不清的门，看不完的院，走不到头的巷，赏不够的景。游客至此常常望院兴叹，带走意犹未尽的遗憾。庭院属于民居，民居是凝固的历史。源于汉民族在黄土高原创造的"凿土为窑"住宅文化，王家大院券窑式的庭院住宅相当普遍。传统庭院的主体建筑，均以拱券砖窑洞为主。并在窑洞前加廊，有条件的在窑顶平台上再筑楼房。由于受封建礼教和"天人合一"哲学思想所支配，民居大都以"礼"为本，讲求方正，轴线明确，左右对称。在房舍的配置上，尊卑有序，长幼有别。而风水在民居建筑的选址、坐向、格局、规划、配置以及建筑小品诸方面无不体现。"土地堂"是民居不可或缺的构筑物，众多的土地龛，反映了农耕社会王氏家族与土地的亲情。走进王家大院，诚可谓"庭院深深深几许"。

来青山馆

来青山馆，亦称隐翠园，位于恒贞堡顶甲中段，是第十五世优生敕封儒林郎、晋赠中宪大夫王梦鹏的书宅。有来青山馆藏碑现存视履堡桂馨书院。该馆为别具一格的前园后院布局。大门建于宅院东南角，有额云"敦诗礼"，落款为"乾隆丁卯（1747年）秋七月，张旭题"。"敦诗礼"顾名思义，谓敦诗说礼，即深信和爱好《诗经》和《礼记》。前面花园东西为云墙、轩窗，院内东西各有一月亮门，呈对称方位，东月亮门题匾"觞咏"，西月亮门题匾"履祥"。园主人在此栽枣、种柿，园内间以石桌、石凳，布以石径、草坪。茶余饭后，闲时暇日，均可于此抚琴、对弈、谈书、习字、会友。尤当春夏秋时，园内芳草萋萋，花色鲜艳，绿树成荫，隐翠其间，秀木高枝，金风玉露，至此小憩，怡然于心，自有与大自然亲近之感而疲劳顿消，游人至此也每每流连再三而不肯离去。来青山馆后院中轴线上建仪门，题"睿圣是铭"匾，意为对聪明通达、德才超凡、明晓事理的前圣名言，当铭记在心，永志不忘。院内正房为二层楼院，上下各

来青山馆

建砖券窑三孔，进深一间，平顶，一、二层前檐均建木构单坡插廊，东西厢房各三间，上有绣楼，古朴典雅，尽显其中。

三槐堂

三槐堂又名旗杆院，"三槐"是王氏家族的专用堂号，因周代宫廷外植有三株槐树，百官朝见天子时，三公皆面槐而立，故"三槐"也代指三公。北宋时仕途坎坷的王祐在自家院内植槐树三株，并预言："吾子孙必有为三公者，此其所以志也！"宋代时"三公"是众臣之首，院主人所用堂号的愿望可想而知，后其子王旦果然做了宰相。

该院位于恒贞堡二甲西巷第二院，创建于清乾隆年间，为王梦鹏长子第十六世州同加五级、诰授中宪大夫、乡饮大宾、诰封奉政大夫王中辉及其长子布政司理问加二级、诰授奉直大夫、乡饮大宾王文山的宅第。王中辉之父王梦鹏一生孝行义举，名闻族里乡党，殁后奉旨建孝义坊旌表，又以子中辉敕封儒林郎，诰赠中宪大夫，祖孙三代，名位显赫，且该院是王家大院唯一树旗杆的宅第。在封建社会，只有考中举人才有资格立旗杆，故三槐堂是一座严格按封建礼数格局建造的官式系列精品宅第。

三槐堂门前石旗杆

该院在布局上为一条南北中轴主线，东西两厢对称，主次分明，井然有序，合中有分，分中有合，使居住者上下长幼有序，男女尊卑有等，内外远近有别。其院属二进，由中央的正厅将全院分割成前后两个四合院，形成前堂后室布局。其建筑雕刻讲究，内容丰富，雅气十足。大夫第门前体现功名利禄的石旗杆上雕刻有鱼龙蜕变、鸳鸯贵子、狮滚绣球，并有阳刻旗杆联："万丈虹文辉斗极，九天鹏翼展春云"。联意为：用七色彩虹搭起万丈天桥，把主宰文运、文章的文昌星和仕途的命运沟通，斗极的光辉会照亮文房书斋，四方之士都归服于国家；如能鲲鹏展翅，乘着春风春运直上九天，必将春风得意，一展宏图。宅第大门入口处的上马石和抱鼓门枕石，更使门第高贵壮观，特别是该上马石为如意锦葵仰莲纹图，寓万事如意、前程似锦。大门上

三槐堂

木刻匾额"树德"，为清雍正间太原进士杨二酉所题。门前嵌有"圣道高深敦诗说礼功无尽，皇恩浩荡凿井耕田乐有余"石雕联，其意为圣人之道既高且深，只要笃信与喜欢圣人的著作，成效就会无穷无尽；皇帝的恩德

抱鼓门枕石

广远，治国有道，百姓日出而作，日落而息，凿井耕田，自饮自食，就会乐有余味。大门内额为"大夫第"。大厅前匾"达尊兼备"为清乾隆四十三年（1778 年）灵石知县徐希高赠中宪大夫、乡饮大宾王中辉的，是说王中辉爵位、高龄、品德三者兼备。后院正窑牌匾"鸳宿腾光"为歌颂该院女主人的。由此可见"三槐堂"有着浓厚的文人士大夫优雅之气。诚可谓"一门天性之乐祖孙父子兄弟，百世传家之宝诗书礼

乐文章"的真实写照。

存厚堂

存厚堂又名绿门院，亦称平为福院，位于恒贞堡三甲东巷，创建于清乾隆年间，为王梦鹏幼子第十六世贡生、布政司经历加二级、诰授奉直大夫、晋封中宪大夫、宣武都尉、乡饮大宾王中极和其次子附贡生、翰林院待诏、内廷文颖馆收掌官兼典薄厅事、顺天府督粮通判王尔敏的宅院。清乾隆五十年（1785年），"圣驾临雍"，御赐王中极黄马褂一件、银牌一面；清嘉庆元年（1796年），王中极又恭赴千叟宴。绿门院顾名思义，因大门油漆为绿色，故称。王中极作为四品中宪大夫，为何敢门漆绿色，原因在御赐黄马褂、银牌上。存厚堂由绿门院、松竹院和景薰书院中、东、西三路前后二进、四进式大小八个方合院组成，方合院是按照周天子以中土为中心辐射四方的四路诸侯方位形势，而制定的礼的秩序。不仅反映了等级地位的差别，还按照方位的不同，排列出上下、前后、左右的秩序，方位观念和礼的序位不可分割。方位自天，礼序从人，反映的是天人合一、以礼为纲的传统礼教观念。存厚堂严格遵照周礼观念建造。其典范性就在于不管是二进还是四进，也不管东路还是西路，或串联或并列或互套，极尽变化之巧思。恒贞堡三甲东西巷的建筑布局，符合隋唐都城的建筑规矩，均建有牌坊门，东巷牌坊坊心正面题匾"品学兼优"，出自明清思想家傅山先生之孙

"品学兼优"牌坊

存厚堂正厅

灵石县儒学教谕傅莲苏手笔，是为优生王梦鹏所立，背面匾额为"敦孝崇义"。该坊门所标榜的是王中极之父王梦鹏的嘉德懿行，它是从唐长安城内的里门分离出来的一种表现形式，也是传至时下仍存在的一种文化现象。

存厚堂中路上的主体建筑府第门为三间一厦，门内有屏风门，大门东西抱框墙为高浮雕石雕刻"四爱图"，表达了士大夫追求快乐健康的思想，陶渊明爱菊、黄山谷爱兰、周敦颐爱莲、林和靖爱梅等在中国传统文化中占有很重要的位置，把梅、兰、菊、莲的四君子精神作为人生的最大乐事。由此可看出院主人对贤人隐

存厚堂后室

士是崇拜的、赞颂的，这也是"达则兼济天下，穷则独善其身"的儒家文化在王家大院的延续传承。门枕石刻有两条蟠龙，极具档次。进府第门向东有一条南北甬道，通向二进院，甬道外侧门立有双鼓门枕石，是典型的北方四合院结构布局，绿门院正厅三间七架。屋宇栉比，楼堂杂错，厅内见院，院内有厅，浑然是一个天地，又形成建筑上的流动空间。从整体到局部，都是北方王府的仿版。大厅前挂落雕刻有元始天尊，后院正屋前镂空

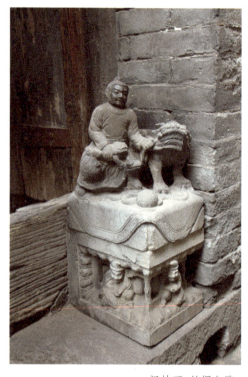

门枕石·丝绸之路

挂落"满床笏"，即唐代功臣郭子仪 60 大寿时七子八婿皆显贵，笏堆满床，显示的是福禄寿考，富贵昌盛。

东路松竹院稍低一个档次，虽与中路布局相似，但正厅三间五架，是晚辈的居住之所。大门门楣砖雕颇为讲究，门上嵌有石联一副云："学有渊源庭列嘉树，居无尘杂阁明照藜"。其意为儒学事业世代相师承，堂前定能培育出成才佳好子弟；居住的环境清雅优美，藏书阁更有仙人燃藜传授读书。其院最为引人注目处是三进大门上反映"丝绸之路"这一历史事实的石雕门枕石，两头狮子由御狮者牵引，驮着锦缎、法螺。寓意招财进宝，御狮者为汉人，下有西域劳动者四人，这是西汉张骞打通中西文化交流中丝绸之路的历史记录，也是东西方文化交流的历史象征。而西路的景薰书院则又低了一个档次，该院为前后四个小方院，主题各异。入大门后甬道内第一院为书塾，书塾后的第二院、第三院为二合院，院落呈马鞍形，再后则是第四院，为三合院，是私塾先生之类人的住舍。这四院分别

寓意春安、夏泰、秋吉、冬祥之意，合起来即为"安泰吉祥"之意。

敬业堂

敬业堂，位于视履堡内，创建于清嘉庆年间，为王梦鹏堂侄诰封奉政大夫王中堂之子、第十七世布政司理问加三级、诰封奉政大夫王汝成的宅第。该院是一座三进式四合院，是按照西周时前堂后寝的结构建造而成，故其建筑布局谨严，气势雄伟，质朴中蕴典雅，富丽中含秀丽，严格遵循封建规制而建造。府第门三间两厦，看似有五间之多，门屋凸起的耳房在入口凹进的墙面上投下很深的落影，如同官署一般，由正门开始的序列为府第门增添了强烈的庄严之感。门前檐柱上精致的雀替，雕以"华封三祝"，寓多福多寿多子，并以钟鼎博古点缀其间；墀头为青龙白虎，用以镇宅避邪；大门处有一对威风凛凛的石狮，东西檐墙上有两面硕大的廊心砖雕"鹿鹤同春"，画心面积达 8.18 平方米，以高浮雕刻出，构思精巧，寓"六合同春"之意。这些均体现了院主人的身份高贵。敬业堂府第门以宽阔见长，就连门对面的五福捧寿影壁也很宽阔，整体上给人以一种威严气势。从中门进入，内设屏门、左右耳房，为高等仆人居住之所。屏门与

敬业堂府第门

149

东西耳房之间构成两间凹室，丰富了空间结构。

敬业堂正厅为三间七架结构，高大雄伟，肃穆庄严，明间帘架雕以"福禄寿"三星，边饰镂雕"暗八仙"；额枋和雀替组成的挂落，浮雕刻以拐子龙纹，刚劲有力。檐前柱础石须弥座上分别雕以鹿、兔、羊、猫、鹌鹑、玩猴，寓平安高寿，添福加禄，辈辈封侯。前堂四周建筑均有穿廊，其座斗、抱头梁、穿插枋上镂雕翼拱多达60余对，内容有天王送子、仙鹤庆寿、状元游街、封侯挂印，瑞兽有麒麟、狮子，吉祥花果有仙桃、石榴、佛手等，可谓翼拱艺术长廊。正厅台基前的狮子滚绣球垂带踏跺与檐柱础石交相辉映，踏上台阶后是牡丹、

砖雕看面墙·鹿鹤同春

玉兰图案的过门石，寓意玉堂富贵；楠木制作的内檐隔扇，把正厅隔成三间五架结构，使正厅长宽符合黄金分割比例，增加了客厅层次。与完全木构的前檐相比，正厅的后檐墙在中院过渡空间中由虚转实，次间的什锦后窗窗框为石雕手卷纹图，窗棂为书条再古图案，仅敞开了明间，把人的视角引向更深层次的审美境界。

院主人可以从正厅直接迈入中院，其余人等只能走府第门东首的如意门进入巷道，如意门内雕有匾额"大夫第"，并有"青云直上"木雕图；如意门内设有门房，门房和书塾属同一个院，门房的功能即倘有客来访，门人先让客人在门房稍候，然后禀报主人知晓，主人到客厅接待客人。门房之后是启蒙的养正书塾，该书塾门框为四块青石组成的高浮雕"岁寒三

友"。构图完整，造型独特，具有浓厚的诗情画意。

从养正书塾出来后穿巷道往后走，眼前则是一通"鹤衔灵芝"座山影壁，走到尽头左折，是敬业堂前院通向巷道之腰门，再往后走顶头则是土地祠，土地祠东为厨院，厨院分上、中、下三个等级，尊卑贵贱，就餐等差明显。

从正厅后门穿过或从土地祠左侧的中院腰门进入，便进入中院。该中院宽敞宜人，正面是雕刻精致的垂花门，四个吊柱上雕刻着两荷

敬业堂养正书塾石雕竹框门

两瓜，寓意瓜瓞绵绵，连生贵子；门楣额枋雕以精细的博古图，花牙子雀替及倒挂眉子，均刻以拐子龙纹和草卷龙纹，额枋上的余塞板镂雕凤凰牡丹、狮子滚绣球、麒麟吐玉书等。

穿过垂花门，便是后院，后院的房屋均为二层，正室为长辈居住，东西厢楼一层为儿孙栖身之处，二层为小姐特设，主窑顶为祭祖堂。正房作为主体建筑，自然处在宅院的最高点上，其檐廊上的栏杆抬得很高，并作镂空砖雕，檐下挂落的曲线作锢窑拱券而走，刻意掩饰了空间的墙体。位于正窑顶之上的祭祖堂向后退去，上下两层屋檐更强化了与厢房之间的差异。顶层的屋

敬业堂正室窗棂·锦鸡玉兰、一品清廉

墙基石·乳姑奉亲

墙基石·行佣供母

脊成为二层祭祖堂的栏杆，尤其是面前的烟囱荡出的青烟，便给祭祖堂带来了缥缈的琼台楼阁之感。祭祖堂配有东西厢房，其南端的小间为楼梯间。而厢房则采用下窑上房的形状，山墙上下齐平，厢房二层为绣楼。敬业堂后院最为精美的是十块青石雕墙基石，每块高 1.6 米，宽 60 厘米，厚 30 厘米，分别砌在正窑、厢窑腿上，上雕有飞马报喜、五子夺魁、指日高升、吴牛喘月、行佣供母、骏马飞奔、麒麟送子、乳姑奉亲、仙鸡送子等，这些石雕既具实用性，又有观赏性。

在院内的东西绣楼槛墙上，镶嵌着一米高通槛长的砖雕，上下共分四行，第一、第二行为花草题材，有玉兰、菊花、海棠等；第三行以八仙人物为主，间以奔骏、玩猴、麒麟、玉兔等等，第四行雕以吉祥草组成的裙版。敬业堂内砖、木、石三雕刻工精致，尤其是加官进禄、福禄寿考的主题频繁出现，将院主人毕生之追求完全呈现在今人面前，给宅第增添了无穷的艺术魅力。

第四节　崔嵬宗祠

在封建社会，大户人家多建有祠堂。宋代司马光在《文潞公家庙碑》中云："先王之制，自天子至官师皆有庙……（秦）尊君卑臣，于天子之外，无敢营宗庙者。汉世公卿贵人多建祠堂于墓所。"之后，"祖庙常经，天家攸定"，后官、民、士、庶创建宗祠必须"仿固礼之旧文，遵圣朝之巨典"（清乾隆五十五年〈1790年〉存厚堂藏版《王氏族谱》），各有定式。南宋时由于理学盛行，士大夫阶层立家庙祭五世祖乃至始祖者日众。但直至明嘉靖十五年（1536年），时任大学士夏言的《请定功臣配享及臣民得祭始祖立家庙》奏本上呈后，明廷才正式准许庶民兴建宗祠祭祀先祖。至此，严格意义上的家族祠堂才得以出现。特别是明后期至清末民初，建祠之风遍于海内。可以说有多少族姓，便有多少祠堂。尤其是那些豪门望族，祠堂往往形成规模宏大的建筑群。旧时重宗法，始各有祠，支分派别，复为支祠。这是资本发展的必然结果。仅王家大院所在的静升古镇旧时就有祠堂16座，其中属于王氏家族的祠堂就有五座，分别为合族共祀的主祠堂——王氏宗祠，以及土派家祠、孝义祠、敦本堂和好善乐施祠四座分支祠堂。其中涉及王梦鹏所属火派的祠堂有王氏宗祠、孝义祠和敦本堂。

宗祠是族权的象征，族权在一族一姓之中是至高无上的。故祠堂也往往是同姓村落或集镇中最显眼的建筑。祠堂的文化品格是严肃的，祠堂所宣扬的是儒家一再重视的伦理纲常，主题就是"忠孝节义"！

王氏宗祠

王氏宗祠位于静升古镇老街的钟灵巷之东，总面积达2100平方米，为王氏家族的主祠堂。据清乾隆五十五年（1790年）存厚堂藏版《王氏族谱》载："宗祠正厅三间，大门一座，创自明纪，年岁无考。"清康熙五十六年（1717年）秋，王氏第十四世生员王翰，第十五世王体直、王君

王氏宗祠外景

勤，生员王凌云，第十六世王奉天起意出资，谋祠堂之筑。监生王图中、岁贡候选训导王君赆、生员王梦麟也参与共总其事，捐银 300 余两，为创建祠堂之资。清康熙五十七年（1718 年）"三月朔日，度地置基，卜云孔吉，鸠工庀材，建正室三间，门屏三间，内外墙垣环备，两旁设守祠舍"。又岁贡候选州同第十五世王麟趾复捐银若干两，吏部候选州同第十五世王寅德复捐银 30 两，以终其事。同时增修祭器、遗书、神厨、斋宿所，前后历时年余，至清康熙五十八年（1719 年）七月宗祠竣工，并于同年中秋之吉立《创建祠堂并增置茔地碑》，由甲午（康熙五十三年，即 1714 年）乡贡士第十五世王一旦谨撰，生员第十五世王梦鹏谨书。清雍正四年（1726 年），在宗祠大门前东侧的跨街处，为第十四世王辅廷之妻马氏竖立的三间四柱三楼制式"节孝遗芳"木牌坊；在宗祠大门前西侧的跨街处，为第十五世王昌祚之继妻刘氏竖立的三间四柱三楼制式"纯孝苦节"木牌坊。

　　清雍正六年（1728 年），第十五世王麟趾创建宗祠两廊厢房十间。清乾隆二十年（1755 年），王氏裔孙王堂瓒、王生炜等，"尊祖弥切，建立旗杆。议经始而廊规模，创建月台，竭心思而鸠版筑"。第十八世王肯构、王肯堂为之于同年五月端阳日勒石《建设旗杆月台碑记》。由原任直隶忻州儒学正堂、补选平阳府霍州儒学学正、乙卯科（清雍正十三年，即1735年）举人、候选知县陈辉撰写碑文，诰封儒林郎、候铨州同、优生、第十五世王梦鹏书丹。清乾隆二十二年（1757年），第十六世王生炯捐资补修宗祠大门为五间；清乾隆四十一年（1776年），第十六世太学生王中权偕侄监生王学山、长男监生王学成、次男监生王学文，创建"锡类明禋"石坊一座于宗祠甬道之中，"共施银一百七十两零三钱五分"。第十六世候选州同王中堂偕三弟候选部主事王中行、四弟候选布政司理问王中立、侄贡生王汝为，创建了石栏杆并重修月台，"共施银一百一十六两零八分"。第十八世候选布政司理问王肯学偕侄监生王乃让、王乃谦，男王金声，演浴暖阁，创建木天挂檐匾额，"共施银七十五两"。从而使"祠宇辽廓，洞开重门"，"堂室之事毕现"也。并于同年十二月吉旦立《创建石坊月台栏杆神龛碑记》，由庚寅（清乾隆三十五年，即1770年）科

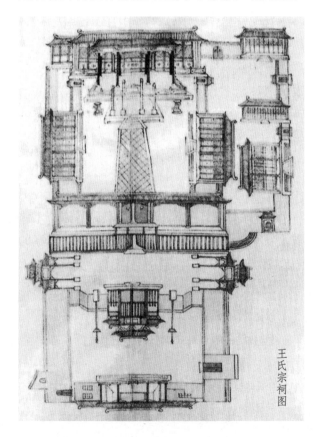

王氏宗祠图

恩贡生、候选儒学教谕霍郡郭维藩拜撰，第十六世贡生王中极敬书。到清乾隆后期，王氏宗祠已颇具规模，面积已达1600平方米。

清嘉庆九年（1804年），又耗资3200两纹银将祠堂建筑扩展到街道以南，占地增加了500平方米。创建了宗祠乐楼、太仆坊、栅栏、优伶房及马棚等，总面积达2100平方米。其中乐楼坐南朝北，位于

王氏宗祠乐楼

中轴线上，建筑面积 32 平方米，石砌台基以木刻隔断分为前后台。前台面阔三间，进深三椽，单檐悬山顶。前檐下设一斗二升斗拱 9 攒，柱间置雕花雀替，设石雕围栏。檐柱方形、石质，四角葵形，正侧面石刻楹联。明间联为："缭绕梁云影护槐庭三树茂，悠扬羽曲音流汾水一源长。"次间联为："豆列维新手荐馨香歌涧藻，槐阶远荫风清霜露激云璈。"后台面阔五间，进深一椽。仅表演区就达 12 平方米，超过清代普通乐楼 9 平方米的四分之一。乐楼内"出将""入相"屏风上端有匾三帧，正中匾额"肃雍和鸣"为清嘉庆癸亥（1803 年）榆次赵鹤书；东侧匾额"衍我烈祖"为清道光十一年（1831 年）第十八世王锡瑞偕男登名、登春敬献；西侧匾额为"负情达德"。

在清嘉庆九年（1804 年），清廷为追忆王氏第十七世贡生、贵州贵西兵备道兼提刑按察司事王如玉金川阵亡一事，在"奉旨恤赠太仆寺卿"的基础上，再次"钦赐世袭恩骑尉"，并建三间四柱三楼制式"太仆坊"木坊于宗祠大门和乐楼中段的中轴线上，以示尊崇。该坊正面坊心"太仆坊"，其上斗拱处立匾为"钦赐世袭恩骑尉"，背面坊心为"荩臣宗望"。清道光十一年（1831 年），又改建了宗祠双斗铁旗杆一对，为降重心，皆用铁象背驮，杆头直插天空。

王氏宗祠整座建筑群以南北中轴线对称展开，正厅、献亭、"锡类明禋"石牌坊、大门、太仆坊和乐楼都在一条中轴线上建造，中轴线东西有厢房六间，东边有专供看守祠堂的用人所居住的院落一座，院落外为祠堂附属建筑，面临街道原有铺面五间。

宗祠大门开在中轴线上，面阔五间，进深一间，单檐硬山顶，面临东西大街，与南向的太仆坊、乐楼隔街相望；其门枕石为雄雌二狮，狮子头大面阔，额隆颊丰，箕口肉鼻，十分威武，显示着宗祠的庄严肃穆。门廊两侧竖有碑石八碣，记载着创建宗祠、坟茔以及族规等诸事宜。宗祠大门檐下悬匾五帧，正中檐下立匾是"奉旨恤赠太仆寺卿"，右下端小字为"贵西道王如玉立"。左右分别四帧横匾，依次是"积德累功"，为"乾隆辛未（1751 年），太子少保协办大学士吏部尚书兼翰林院掌院士教习庶吉士加三级梁诗正题"；"奕叶相承"，为"康熙乙未（1715 年），赐进士出身、光禄大夫都察院左都御史加五级梅珏成题"；"尊祖合族"，为"康熙癸巳（1713 年），同进士出身、光禄大夫太子少保工部尚书都察院左都御史直隶湖广总督合河孙嘉淦题"；"积厚流光"为"乾隆三十六年（1771 年）知灵石县事张曾敏题"。宗祠大门中间明柱楹联为："省高山荒膴膴望奕叶纯熙踵前猷而绳祖武，览巨派泽悠悠冀云仍和会食旧德而叙先畴"。两边明柱楹联为："祖德宗功奕奕恩光绵世泽，秋霜春露翩翩雁列肃冠裳"。

木雕楹联·省高山荒膴膴望奕叶纯熙踵前猷而绳祖武　览巨派泽悠悠冀云仍和会食旧德而叙先畴

157

进入宗祠大门后有屏门，屏门上匾额为"长发其祥"，其楹联为"绵子姓于继继绳绳蔓延遐矣周京兆，溯宗支之源源本本儒雅依然晋永和"。落款为"乾隆壬辰（1772年），十七世孙监生学山暨男道昌、道兴、道亨敬献"。

穿过仪门，就可看到月台，月台前设台阶，月台中轴线上由前向后依次排列着"锡类明禋"石坊、献亭和正厅。如果说太仆坊兼作宗祠的第一道仪门，宗祠大门就是第二道门，那"锡类明禋"坊就是宗祠的第三道门。该门坊为四柱三间式，四根青石石柱拔地挺立，顶部雕刻有"望天吼"。该坊坊心镌刻"锡类明禋"正面东西两侧小匾分别镌刻"木本"和"水源"，背面东西两侧小匾分别刻着"悫著"和"爱荐"。该坊坊柱前中间镌刻着"千秋匪懈宸恩永，奕叶长隆祖庙新"。坊柱前两边刻有"贻厥孙谋四百年绵绵瓜瓞，绳其祖武二十世振振螽斯"。坊柱后中间镌刻有"义举春秋新庙貌，礼严昭穆笃宗盟"。坊柱后两边刻有"衬祀蒸尝忠孝典型思蜀郡，牲牢酒醴桑槐世泽报江东"。

石坊后的献亭面阔三间，为四檩券棚顶明亭。献亭前悬匾"绳其祖武"。献亭前后挂有四副楹联，其前面中间联为"营厥先荐厥时期不愧为孙子，继其志述其事庶可对得祖宗"。为"诰授朝议大夫原任顺天府通判加二级记录四次十七世孙如琨敬献"。前面边间联为"有后弗弃基聿修厥德，虚中以治事则在乃心"。为"壬申（1812年）孟冬，十七世孙监生致远偕男德昌、德懋、德凝、德聚，孙晋珠敬献"。献亭后中间联为"贻燕暨有元以来诗书孝友渊源古，享尝隆作庙而后恪慎温恭祀事明"。献亭后边间联为"俎豆荐馨香肃肃雍雍此日槐庭征世泽，春秋严拜跪跄跄济济一时珠树蔚人文"。

最后的正厅面阔三间，进深三椽，单檐硬山顶，四檩前出廊式构架，明、次间均施四扇六抹隔扇门。正厅明间门楣悬"祥开厥后"匾额，为"乾隆三十六年（1771年），知灵石县事张曾敏题"。正厅明间楹联为"本支衍太原经汉晋唐宋英贤济济登是堂应念流风未邈，宗祐依绵麓历禴祀蒸尝子姓绳绳入其室须知式礼无愆"。为"乾隆三十七年（1772年），十六世孙州同知中辉偕弟贡生中极敬三产业献"。正厅次间联为"积厚流光锡

158

受而今昭福祉，爰存懿著焄蒿于此见音容"。为"嘉庆四年（1799年），十八世孙监生绎儒率男述基孙锦绅、锦纶、锦缓敬献"。

走进正厅，可见暖阁上悬匾"典祀千秋"，为"乾隆丙申（1776年），十八世孙布政司理问肯学敬献"。正厅暖阁楹联为"率祖率孙诇从恩义分轻重，交阶交户惟肃蒸尝慎见闻"。而面阔三间的东西廊庑各悬匾额三帧，分别为"克昌厥后"，为"乾隆十一年（1746年），内府光禄寺掌醢处署正十七世孙如玑敬献"。"无忘祖德"，为"乾隆四十二年（1777年），难荫陕西直隶商州山阳县知县十八世孙照堂（即王荣棠）敬献"。"孝思不匮"，为"乾隆五十一年（1786年），中宪大夫湖南宝庆府知府前户部浙江司员外郎加五级十八世孙肯为敬献"。"泽孔流长"，为"乾隆五十一年（1786年），资政大夫户部广西司郎中候补道加五级十八世孙肯任敬献"。"以享以祀"，为"嘉庆十七年（1812年）朝议大夫原任顺天府通判加二级十七世孙如昆敬献"。"告孝告慈"，为"嘉庆十七年（1812年），特授长芦都转

木雕楹联·本支衍太原经汉晋唐宋英贤济济登是堂应念流风未邈

宗祏依绵麓历禴祀蒸尝子姓绳绳入其室须知式礼无愆

159

盐运天津运同加五级十八世孙臣敬谨献"。

综上所述，王氏宗祠为灵石县域内最早创建的祠堂之一，在县域宗祠中无可与之伦比者，其祭堂、献亭、厢房、祠门、牌坊、乐楼一应俱全，成为静升王氏族权显赫的象征。2007 年灵石县人民政府遵原貌进行全面修缮，同年 6 月 7 日被列为灵石县文物保护单位。

孝义祠

孝义祠位于静升村拱秀巷西南向的王氏宗祠之东，为奉旨旌表静升王氏火派第十五世敕封儒林郎、晋赠中宪大夫王梦鹏的孝行义举而建，总占地面积 499.95 平方米，建筑面积 672.06 平方米。孝义祠前为孝义坊，创建于清乾隆四十九年至五十一年（1784—1786 年），为三间四柱三楼制式，单檐歇山顶，通体由青石条板构建而成，石梁、石柱、石基、石顶、石脊、石兽、石斗拱、石匾额，还镶嵌了镂空的卷草龙纹花牙子图案。该坊高 7.36 米，宽 13.94 米，底座抱鼓石上的十头石狮，刻工精致，形态生动，栩栩如生。明间和次间的正背面石柱上，雕刻着四副楹联，字体有楷

全国重点文物保护单位——孝义祠

160

有篆，笔力深厚，刀法娴熟，古奥深沉。孝义坊明间前楷书联为"清芬克绍先声品重竹林孝义敦而厚俗，丹綍式褒硕德辉绵槐砌子孙念以承家"。落款为"乾隆丙午（1786年）岁三月上浣，赐进士出身文渊阁检阅协办侍读加三级元和顾宗泰"。该坊明间后楷书联为"艺苑懋醇修敦本施仁绪溯河汾推族党，天家垂旷典享祠表里风传唐魏励贤良"。落款为"赐进士出身户部山西司主事遂城张灼敬题"。该坊东西次间前篆书联为"克笃行宜超流俗，载锡丝纶启后昆"。落款为"赐进士出身翰林院编修加二级章浦朱绂"。该坊东西次间后篆书联为"躬践秉彝昭物则，典隆旌淑树风声"。落款为"赐进士出身翰林院检讨加三级分宁万承风"。这四副楹联联首均有盘龙挂钩，联底均刻有俯仰莲托。

牌坊中间檐下立"圣旨"匾，正面坊心额书"孝义"二字，落款为"乾隆乙巳(1785年)夏日，翁方纲敬书"。两边镌刻有副匾"言坊""行表"。背面坊心文字较多，具体如下："经筵讲官、议政大臣、礼部尚书、总管内务府大臣兼管乐部太常寺、鸿胪寺事务加六级德保；经筵讲官、议政大夫、礼部尚书兼管太常寺事务加四级曹秀先；巡抚山西太原等处地方、提督雁门等关事务、兵部右侍郎兼都察院右都御史加五级喀宁阿；钦命提督山西全省学政、翰林院编修加三级、记录二次刘种之；钦命山西等

石雕楹联·清芬克绍先声品重竹林孝义敦而厚俗　丹綍式褒硕德辉绵槐砌子孙念以承家　顾宗泰撰书

石雕楹联·艺苑懋醇修敦本施仁绪溯河汾推族党 天家垂旷典享祠表里风传唐魏励贤良 张灼撰书

处承宣布政使司布政使加三级、记录二次谭尚忠；诰授奉政大夫、知直隶霍州知州事加五级、记录二次单涛；敕授文林郎、知灵石县事加三级、记录三次徐希高；敕授修职郎、灵石县儒学训导兼署教谕事务加二级王锡彤。大清乾隆四十五年（1780年）九月初九日具承，四十六年（1781年）十二月初九日奉旨依议崇祀县忠孝祠，建坊旌表"。据民国版《灵石县志·人物志·忠孝》载："王梦鹏，字六翮，号竹林，优生，性仁孝，幼以昭穆序，出继胞叔，色养备至。曾父染疫症，奉祀汤药，不离左右，祷神愿以身代。时村中殁于疫者颇多，惟其父获愈，合家无恙，咸以为诚孝所感。母翟氏殁，哀毁骨立；既而父殁，乃筑庐墓旁，朝夕哭泣，人共称为'王孝子'。设义学，建义冢，修桥梁；岁歉，出金赈济，合村赖以保聚。乾隆四十五年（1780年），详准入祀孝义祠，以嗣子中辉贵，赠中宪大夫。"由此可见孝义坊是用以宣扬孝义道德风范，是浸透了封建伦理

石雕楹联·克笃行宜超流俗 载锡丝纶启后昆 朱绂撰书

文化观念、标榜德功、善行的象征意
蕴很强的建筑现象。该坊造型、质感
与色彩，在形式上其美可羡，邀人青
眼。

孝义坊北面为孝义祠，建筑面积
672.06 平方米，创建于清嘉庆元年
（1796 年）。该祠为单进双层式建筑，
其中下院 210 平方米，祠门开在南向
正中，祠门面阔五间，三间两厦，东
西檐墙上有砖雕"五福捧寿"，院内
正面有锢窑三孔，每孔面宽 3.9 米，
进深 9.8 米，正窑廊前联为"孝思无
穷念先祖隐德积厚流光裕后世，义举
不辍期子孙学善正心励志荣家声（今
人温暖补撰）"。正窑后有 140 平方米
停放灵柩的大窑洞，正窑两侧有二层
廊庑，两边均有砖砌台阶可通楼上。
孝义祠真正意义的祭祀场所乃是正面
锢窑顶上的二层院落。上院 218 平方

石雕楹联·躬践秉彝昭物则　典隆旌淑树风声　万承风撰书

米，正面为祭祖堂，属硬山顶，面阔五间，外檐和内檐隔扇中间留有米宽
距离，祭祖堂明间、次间用于祭祖，梢间则为停放祭物等，明间门前无踏
跺，属神道；次间前东西各有三阶踏跺，为人道；因男女有别，妇女通道
则在东梢间由砖券涵洞台阶直通后门。祭祖堂对面为一"凸"字乐楼，为
木结构歇山顶，表演区向外凸出两米多，表演区东西为乐队伴奏区，伴奏
区东西为化装间，东西两侧廊房专供看戏人遮风避雨使用。乐楼前楹联为
"唱念吟哦娱本源百世灵九天一笑，筝琶鼓磬怡瓜瓞千年盛四海万福（今
人温暖补撰）"。在东廊房的墙壁上嵌有清光绪三年（1877 年）中元节勒
石的《孝义家祠祭田碑》，该碑详细规定了孝义祠名下祭田的面积、位
置、价格以及应缴秋粮的数量等内容。

值得一提的是，孝义祠祭祖堂次间前东西的两阶制踏跺。东西两阶制踏跺在周、秦、汉、唐时一直盛行，宋代后遂渐形成两阶一路制，尽管该两阶制踏跺建设于清代，但它是当下祠堂现存极少的双阶制实物遗存典范。

孝义祠内景

1998 年 9 月 27 日，灵石县人民政府为投资修复的孝义祠举行剪彩仪式时，海外王氏宗亲会代表团 400 余人参加了剪彩仪式。孝义祠早在 1963 年就被列为灵石县重点文物保护单位；2006 年 5 月 25 日，被国务院列为"全国重点文物保护单位"。

敦本堂

敦本堂又名怀远堂，位于静升村恒贞堡东南向的道左沟右侧，为王氏家族火、土两派的分支祠堂，创建于清嘉庆十五年（1810年），占地面积443.9平方米。属二进院落布局，中轴线上由南向北依次建有大门、仪门和祭堂，两侧为厢房。正面祭祖堂面阔五间，进深四椽，单檐硬山顶，五檩前廊式构架，前有石砌台阶。祠门为砖砌，中设拱券形门，单檐硬山顶。祠内有清嘉庆十五年（1810年）王氏火、土两派的《敦本堂规条》残碑，详细规定了不同情况下的赈济标准。如，"父系单传，家贫，年至三十不能娶妻者，恐绝宗嗣，助银十二两。""寡妇无子，食无所依，情愿守节者，每月给钱六百文。""孤子父母俱亡，无人抚育者，每月给钱六百文，年至十五即止。""年至六十，无妻无子，不能自谋衣食者，每月给钱六百文……"民国初，王氏后人在敦本堂办起了静升镇第一座女学堂。

第五节　贞节牌坊

明清时期是静升建筑牌坊的繁盛期。这些牌坊用以宣传封建礼教、功名官宦、忠孝仁义或贞节烈妇等道德风范，是浸透了封建伦理文化观念、标榜德功、善行的象征意蕴很强的建筑现象。故静升五里老街道起点与中段，及数道交会之处，旧时每有牌楼

石雕楹联（拓片）·六旬苦节歌黄鹄　三诏荣封荷紫泥

点缀其间，令人睹其飞檐之美。静升村历史上曾有 20 座牌坊，其中属于王氏家族的就有 17 座，17 座牌坊中有四座属于火派支系，除王梦鹏的孝义坊外，其他三座均为表现"贞节"的贞节牌坊，惜皆已不存。

青史流徽坊

"青史流徽"坊亦称"闺阁仪型"坊，三间四柱石质，位于静升文庙前路东，清乾隆四十六年（1781 年）为王梦鹏兄、生员、诰封奉直大夫王梦麟继妻杨宜人立。该坊正面坊心额书"青史流徽"，背面坊心额书"闺阁仪型"。现残存东西次间联两副，一副联为"六旬苦节歌黄鹄，三诏荣封荷紫泥。"另一联为"凤诰新颁旌顺德，龙章特降表贞心"。

据清嘉庆二十二年（1817 年）版《灵石县志》载:杨氏 15 岁出嫁，25 岁夫亡。时七旬婆母病卧床褥，长子中枢七岁，次子中权刚满周岁，子啼母悲，杨氏几欲悬梁随夫而去，经族人和邻里相劝，方才打消念头，自此撑起风雨飘摇之家。谁知熬到长子中枢娶妻，建宅乔迁，中枢却暴病而亡。久病的婆母经不起子丧孙亡的反复打击，也一命归天。杨氏含泪安葬了婆母与长子，又坚强地挺立起来，终使次子和孙子成人。杨氏寿享 86 岁，孀居 62 年，这其中的苦泪不知道有多少！

垂册留青坊

"垂册留青"坊为三楼制不出头式石质牌坊，位于静升文庙东上王家大院处，清乾隆五十二年（1787 年），为王梦鹏堂弟梦简之次子，貤封奉直大夫王中衡妻张宜人立。该坊正

垂册留青坊（摄于二十世纪八十年代初）

166

面坊心额书"垂册留青"，现残存明间联柱一根，正面下联楷书为"龙章荣绣茀灊潃承志树风声"。落款为"韩城王杰拜题"。背面上联行楷为"表重绵峰俾百业云仍常思顺德"，年纲为"戊申林钟"（乾隆五十三年六月），引首章为"凡事输人不但棋"，推之题书者当为洪亮吉。查《辞海》得知，王杰系陕西韩城人，清乾隆二十六年（1761年）状元，累官职军机大臣、内阁首辅，拜东阁大学士。为官清廉正直，且品、才、文、书相辉映，乾隆赞曰"文压三江，字盖天下"。著有《葆醇阁集》。洪亮吉系江苏阳湖（今常州市）人，清乾隆五十五年（1790年）榜眼，授编修。其文工骈体，学术长于舆地。为清代经学家、文学家。

据清嘉庆二十二年（1817年）版《灵石县志》载：张氏"夫亡，氏方十九岁，姑老子幼，誓死守节，仰事俯畜，恩义兼尽，教子寓严于慈，卒能成立，氏苦节之报也。乾隆五十二年（1787年）旌表"。

守义完贞坊

"守义完贞"坊位于静升村，清嘉庆七年（1802年）为王梦鹏次子中起之独子，诰封奉直大夫王学海

石雕楹联（拓片）·龙章荣绣茀灊潃承志树风声 王杰撰书 表重绵峰俾百业云仍常思顺德 洪亮吉撰书

妻田宜人立。该坊正面坊心额书"守义完贞"。

据清嘉庆版《灵石县志》载:"夫亡,氏年二十五岁,家道拮据;以夫生母在堂、两子年幼,遂剪发,矢志养母扶孤,以纺绩供养。严课子读书,今皆成立。孙曾满堂,皆氏苦节之报也。嘉庆七年(1802年)旌表"。

从以上三座牌坊我们看到的是旧时妇女的辛酸血泪。这不仅仅是一个家族的,而是整个时代的。

第六节　肃穆佳城

"佳城"典出《博物志·异闻》:"汉滕公(夏侯婴)薨,求葬东都门外。公卿送丧,驷门不行,踣地悲鸣。跑蹄下地,得石有铭,曰:'佳城郁郁,三千年,见白日,吁嗟滕公居此室。'遂葬焉。"后因此墓地为"佳城"。

王氏佳城

王氏佳城俗称王家茔,地处静升村北一公里许的鸣凤塬。其地东连龙凤岗、栖凤塬和凤鸣岗,西接凤凰台,有堪舆家言,该地龙脉连着绵山、太行山,转而直抵昆仑山,是个有凤来仪的风水宝地。

鸣凤塬位于北山诸塬正中,其地坐北面南,中系平原,东、北、西三面皆沟,唯东南一线连接绵山,且有南山拱向,三河环绕,更兼此地有"金丝吊葫芦"之说。"金丝"谓坟前通路,东西横连,路北整个坟地呈大葫芦形,路南前面沟道之侧的小山梁亦是葫芦形。故"金丝"谓大路出路,"葫芦"喻种子繁多。

元皇庆(1312—1313)间,静升王氏鼻祖王实卜地村之北塬,以为茔。及至明天启五年(1625年)三月十五日清明佳节,为敦本睦族,第十二世王大清"树碑先茔,自一世至七世,凡七碣,统序讳字,昭晰无遗"。该碑正面楷书大字为"王氏鼻祖讳实,二世祖讳秀,三世祖讳温甫、恭甫,四世祖讳思恭、思忠、思温、思问、思义、思道、思敬总记墓碑",

王氏佳城（摄于 20 世纪 60 年代初）

上首旁记"大明天启五年（1625 年）春三月穀旦，十二世孙大清追立"。碑阴刻《静升村王氏源流碑记》，落款为"邑庠生员秀峰王育俊顿首拜并撰"。

清康熙五十六年（1717 年）秋，第十四世生员王翰等嫌旧茔狭隘，在其"四面买地七十五亩五分，价银壹玖拾肆两零五分"。

清雍正间，王氏祖茔"旧基间穿有行道"，"每见担负践踏往来不禁""樵夫牧竖，杂踏欢哗，相继不绝"，于是合族共议必筑垣墙，遂丁清雍正六年（1728 年）七月开工，第二年四月告竣，并开道路于茔域两旁，此次督工纠首为第十四世生员王正居，第十五世生员王堂璋、贡生王君贶，第十六世王如璇恭记，并镌刻祖茔大门石雕匾额"王氏佳城"，落款为"大清雍正六年秋重修，十五世孙梦鹏敬书"。同年夏六月念八日穀旦，第十五世优生梦鹏重摹《静升村王氏源流碑记》元刻上石。雍正七年（1729 年）四月立《新修祖茔墙垣碑记》于王氏佳城，第十五世王梦鹏撰书。

清乾隆元年（1736 年）八月十二日，第十五世王梦鹏书《饬防茔域碑记》。

清乾隆二十八年（1763 年）秋七月十五日之吉，第十六世孙州同王者楠再录《静升村王氏源流碑记》原文勒石。阖户公立。

清乾隆三十年（1765 年），捐授布政司理问加二级王赐禄捐己资"鸠工庀材，圮者筑之，逼者阔之"，又在茔寝门侧"树望柱三对，刻石狮二蹲，而照壁月台咸称奕奕也。是役也，费金四百，诸务必举"。同年中秋立《捐资修理祖茔碑记》，候选儒学司训谷运郭宜人顿首拜撰，太学生第十五世王梦杰顿首拜书。

清乾隆三十一年（1766年），第十五世王肇藩重修王氏佳城鼻祖之墓冢并立碑记，并由"榆关岁进士祁元善拜撰，乾隆岁次丙戌秋八月，十六世孙贡生中极敬书"。

清乾隆三十八年（1773年），第十七世王永龄、第十八世王肯学经理祖茔祭祀，见佳城"从冢累累，墓田日隘"，"于是归而谋于族中之贤而有力者"，"买傍茔地六十余亩"。并于次年也即乾隆三十九年（1774年）十二月十五日立《增置茔地碑记》，由第十六世监生王蕙撰文，第十六世贡生王中极书丹。

清乾隆三十九年（1774年）十一月初一，第十六世贡生王中极书立《增置坟地公议禁约碑记》于王氏佳城。

清乾隆四十五年（1780年），第十七世王文山承父愿鸠工庀材，造佳城守茔窑三孔，厢房六间，前院马棚房四间，大门一座，历两月告竣，共

王氏佳城坟墓图

费 570 余金。并于同年八月中秋吉旦立《王氏创修守茔房院碑记》，由"乙酉（乾隆三十年，即（1765 年）科拔贡候选知县禹都罗洁拜撰，甲午（乾隆三十九年，即 1774 年）科举人吏部候选知县曹谊拜书"。

清乾隆五十二年，即（1787 年），重修王氏佳城外西路并于同年八月吉旦立《重修坟外西路记》，"特简江西九江卫督运守府加一级晋昌张龙光拜撰，诰授奉直大夫布政司经历加二级十六世裔孙中极敬书"。

由上述可知，王氏佳城至元代鼻祖王实卜葬于此后，历代皆有扩增，至民国时已扩至 360 余亩，而且后世子孙皆尊祖法安葬，其葬法称之为"梅花旋转法"，亦名"莲花旋转法"。即以鼻祖丘坟为中心，后世子孙尊辈分绕祖坟安葬，犹如花瓣围绕花蕊，四散展开，全国罕见。

王氏佳城的建筑陈设亦不同凡响，佳城内墓冢井然，碑坊林立，松柏参天，肃穆森然。四周土高墙防护，崖畔灌木丛生。高大雄伟的茔门上额书"王氏佳城"四字。佳城的大门上有山西霍州直隶州知州叶峻嵋题书的石刻楹联一副："地近冷泉古树发祥荣奕叶，田依绵上佳城启瑞护先灵。"落款为"大清嘉庆岁次己巳（1809 年）仲冬，因公赴省，路经静升，应约轩四兄以其祖茔门联见嘱，书出奉赠。知直隶霍州事下相叶峻嵋拜撰并书"。茔门口有清乾隆三十九年（1774 年）奉旨为第十七世太仆寺卿贵州贵西道王如玉所立的"奉旨恤赠太仆寺卿"的三间四柱三楼制式青石质恤典坊一座。茔门前立铁旗杆一对，耸入云天，旗杆上铸楹联一副，内容为"葱郁佳城阡名载乘齐京兆，青苍宰树石碣镌铭见抄跌"。落款为"奉直大夫晋封宣武都尉十六世孙中极沐手敬书"。佳城东南向筑有印台一座，上植柏树一株。茔外东南向建有坐东向西看茔院落一座，其后院有正窑三孔，南北厢房各三间，外院南北敞篷各两间，大门开在西向。每至清明时节，合族汇聚于此，然后一起祭坟扫墓。平时看茔院有守茔人居之，禁止樵牧，防火防盗，直至民国后期仍遵此规。

清乾隆年间，山西兴县人、时任国子监监丞孙扬淦曾撰文盛赞王氏佳城："……吾常见，其祖茔自绵山发脉，由东北迤逦开障。为顾祖穴，朝应缠护，皆如天设。柏沟中河之水，环如玉带。穴前水，又皆北流，然后之气无所泄，为至厚也。"

20 世纪 60 年代中期，当四川大邑县建立起刘文彩地主庄园展览时，有关部门曾派人考察王家大院和王氏佳城，拟建立类似的阶级教育基地，后因"文化大革命"而搁浅，后渐次毁坏。当年王氏家族数百年经营的"森森然佳城"一座，至今 360 余亩的王氏佳城也只仅存四品官衔的墓碑两通而已。

义冢

义冢俗称乱坟茔，位于静升村西关帝庙外，系旧时收埋无主尸骸的墓地。有些光棍汉穷困潦倒，死后王氏家族出资以薄木棺材殓尸，埋葬于此。

清乾隆间，竹林居士王梦鹏多见里巷有无主尸骸，遂捐地九亩，设立义冢于村西，并修亭书联，联曰"不忍亡魂悲暴露，聊输隙壤慰孤灵"。

清乾隆四十五年（1780 年），第十六世贡生王中极遵父敕封儒林郎晋赠中宪大夫王梦鹏和兄诰赠中宪大夫、乡饮大宾、候选州同加五级王中辉遗命，在村西关帝庙外乱坟处创建义冢。由于村西为道路通衢，往来行人践踏，且地面坑洼不平，尸骸暴露，尤是感慨，遂于乱茔左设男冢，右设女冢，使男女各得其所，并以静升村的名义立义冢碑一通，碑阳中间大字为"男女义冢"，上题为"大清乾隆四十五年（1780 年）岁次庚子十月二十五日吉立"，落款为"静升村公立"。碑阴为义冢之所由来的原因。该"义冢"碑由"岁进士庚子（1780 年）科副榜候选教谕张国铭撰文，国子监太学生王梦吉书丹"。

纵观以王梦鹏为代表的静升王氏家族，不唯乡里擅其美，邑内亦推其盛，他们为王家大院振兴了家声，留下了家族的百年光华。尤其是王氏家族留至当今的王家大院、王氏宗祠和孝义祠等，不仅具有实用价值，而且具有艺术品位，在今后不同程度、不同角度的古为今用中，它们一定还能够结合静升王氏家族留下的诸多历史话题，对弘扬中华民族的文化自信，发挥其一定正能量作用的。

陆

传闻逸事

第一节　红堡绿院

　　山西受地理条件的影响，因常年干旱少雨，少有洪涝灾害，地面的建筑物能长期保存。所以山西人只要有了钱就修房盖舍买田地，灵石静升王家也不例外。清乾隆年间，静升村的王家人经济状况也发展到鼎盛时期，王梦鹏父子更是其中翘楚。

　　在25万平方米的王氏家族建筑群中就有红门堡。红门堡本名恒贞堡，"恒贞"二字的寓意是赞美"贞操贞节"，是封建社会男权主义者强加在妇女头上的圣洁的光环。进而又被卫道士们解读为是对国家、对君王、对礼教、对祖先的忠贞，且还要强调持之以"恒"。"恒贞"这两个字到现在还刻在堡门上。而村里人，甚至连王家人多年来都把"恒贞"堡称为"红门"堡。

恒贞堡（红门堡）堡门

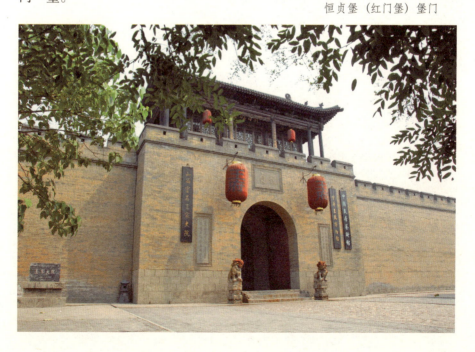

红色即朱色，那么为什么不叫"朱门"呢？是否有意在回避诗人杜甫的名句"朱门酒肉臭，路有冻死骨"，怕影响了王氏家族的形象，那么为避嫌，就叫"红门堡"了。

而红门堡的来历又离不开三甲东巷的"绿门"院。绿门院也

存厚堂（绿门院）府第门

称"大夫第"，又名"存厚堂"。是王梦鹏四子王中极所建。从院落的规模格局可看出主人的身份地位，及雄厚的经济实力。院内的几副楹联真实地反映了王梦鹏父子处人处世哲学和做人做事的总则。如，创业维艰祖辈备尝辛苦，守成不易子孙宜戒奢华。继祖宗一脉真传克勤克俭，示儿孙两条正路惟读惟耕。寡欲清心能含辛方为志士，宽宏大量善忍让不是愚人。善行孝义不欺天不欺人不欺自己，毋忘仁慈须顾礼须顾信须顾先德。

院内表达王梦鹏父子修德修身、戒骄戒奢、明事明理的楹联还有若干副。

有这么气魄的院子，又配有这么多楹联，只要走进这座大院，就会有肃然起敬的感觉。为了进一步地显耀家族兴旺，把日子过得更加红红火火，就把存厚堂大门涂成赤红色。且不知在清代红、黄颜色是代表朝廷尊严的专用色，民间是不能随便用的。若用红、黄颜色就是犯了大忌，是要追查责任的。

有多事之人，把此事上报了朝廷，引起了官方的重视，准备派人一查到底。好在王氏家族在当时已成为旺族，不但经济实力雄厚，人丁兴旺，且人脉广泛，有朋友及时给王梦鹏父子掏了耳朵。得信后，王中极找到工匠迅捷地将宅院大门漆为绿色，又把"恒贞堡"的大门漆成红色。

数天后，朝廷派员下来进行查访，王梦鹏父子热情招待，一番打点，并解释："小民哪里敢违反朝廷的规矩，只是为了盼着王氏家族兴旺发达，才斗胆把恒贞堡大门刷成红色。因为此堡被意向为龙的造型，龙又是朝廷的象征，配上红颜色的堡门，更显得国泰民安。这是我们的真实想法。说到'存厚堂'大门你们也亲眼看到了。把宅门油刷成绿色这是自然的。"在上下左右周旋下，办差的人也就睁一只眼，闭一只眼，终于把大事化小，小事化了。

从此，就把存厚堂叫成"绿门院"，把恒贞堡称作"红门堡"，久而久之人们也就习惯了。硬是把红门堡、绿门院叫了几百年。

第二节　父子修谱

查现存《王氏族谱》可知：静升《王氏族谱》初成于清康熙戊辰年（1688 年），为第十三世王攸宁所纂。王攸宁是依据族伯第十二世王大清于明天启五年（1625 年）所立一至七世碣为基础，有墓碑的抄墓碑，没有的就看砖瓦。前后 20 年方得谱成。不过此谱仅是把世系彻底弄清，当时王氏家族还没有大的发展。

清雍正庚戌年（1730 年），第十五世王嵌又修族谱。

清乾隆十九年（1754 年），第十五世王梦鹏与族弟王缓猷接着续修，并进行了详细核实。按修谱规则：男女全记录者为全谱，否则为半谱。此谱按全谱的原则，王梦鹏之子王中极负责抄录，作为定本。

王梦鹏、王缓猷相继去世后，王中极与族兄王蕙继父辈未完之业，潜心修谱。他们将元皇庆到清乾隆间历时近 500 年、子孙逾 20 世的延续衍变情况梳理得支系清晰，股派分明，内容翔实、涉及面广，记录了历世祖考和子孙的名讳、字号、妻妾姓氏、所生子女。更可贵的是还有人物传记、墓表、铭文、行状、碑记、诗文、赞颂、匾额、楹联、名位、封典、礼仪、祭祀、祈祷、祝文、前序、后跋等总计 166 篇，以及祠堂、茔地的图例。

王中极曾祖王攸宁在修谱时，依据第五世王彦通生五子，按五行之说，分为金、木、水、火、土五派。

王中极认为，五行虽能相生，亦能相克，不够完美。于是他依据进士、文渊阁检阅、起居注主事顾宗泰的建议，改"五行"为仁、义、礼、智、信"五常"。终于在清乾隆五十五年(1790年)完成了存厚堂藏版《王氏族谱》20卷的收集、整理、定稿、转抄、校对、印刷、成册等全部工作。历时102年，代越四世，谱本方得完成。

该谱中还包括了清代高级官员或知名人士写给王氏家族的文章。如清乾隆进士、书法家、东阁大学士刘墉曾题《竹林王公孝义诗》。书法家、文学家、内阁学士翁方纲撰写的《来青山馆藏翰跋》，并为孝义坊题书"孝义"二字。还有大学士孙嘉淦、梁诗正，左都御史梅珏成，礼部尚书曹秀先、彭元瑞，刑部尚书胡季堂，礼部侍郎刘跃荣，刑部侍郎姜晟，巡抚卢焯、石麟，翰林院编修庄通敏，检讨何思钧等都为该谱撰有诗文。

正因为有清乾隆版20卷的《王氏族谱》为基础，清嘉庆二年（1797年）第十六世王泰来再续修；清道光二十八年（1848年）阖族重修；清咸丰四年（1854年）第十八世王臣恭、王臣忠兄弟与族侄王兴源、族孙王丽珍、王艺林编汇裱制大手抄本三册，存于王氏宗祠，并把"五常"改回为"五行"，以分股派。直到民国二十二年（1933年）第二十一世王俊英、王俊义兄弟因政局不稳，中日战争一触即发，为防患于未然，编汇出《王氏族谱要览》一册，分发族人，每户一本。其编汇原则是"传者书，不传者削"。即使战乱发生，族人离散，只要《要览》谱册在手，不论王氏子孙流落何方，都能对谱查询，相认相帮。万一无副本的族谱有失，王氏宗族也不至湮没无考，从而才使王氏家族传承700年而世系不乱，体例规范。这都得益于王梦鹏父子所编纂的清乾隆庚戌（1790年）版《王氏族谱》。

现在，王家大院收藏的200余套各地《王氏族谱》，

王氏族谱

从总体格式与内容上没有一家能超过此版本者，确是中华族谱的典范。

第三节　肿嘴中举

静升有多大，一言以蔽之："九沟八堡十八巷，一条大街五里长"。其实，不尽然。村东三官庙外有一条沟，称"瓦窑沟"；村西关帝庙外也有一条沟，叫"中举沟"。这两条沟都有村民居住生活，但不在九沟之内。

村东的"瓦窑沟"好解释，因它历年来就是烧砖、瓦的地方。村西的"中举沟"则有一个故事流传至今。

在很早以前，静升村西头，住着二三十户人家。大多数是些吹鼓手一类的民间艺人。他们这个行业同轿夫、戏子等被鄙视为下九流。吹唢呐的功夫多表现在嘴上，嘴唇多要"呶"着，腮帮子要鼓着，吹起来嘴脸常似肿了一般，于是好事者便把这条沟戏称为"肿嘴沟"。后来，静升地面的人又把吹鼓手的民间艺人戏称为"沟里家"。"沟里家"也成了"肿嘴沟"的代名词。住在这条沟里的人家，或老或少，代代相传对锣鼓铙钹小钗等都能拿起来，敲打得像模像样。对笙箫管笛、胡琴三弦唢呐也能入腔入调来它两下，特别是唢呐，不仅要两手并用，手指头灵活，而且发气于丹田，运气于喉腮，换气于不经意须臾，更须嘴舌灵巧，还要身强力壮底气足。更何况工工尺尺的乐谱要懂得。

民间的吹鼓手是人们生活中离不得、见不得的行当，无论红白喜事，或老人庆寿，孩子做满月等，都要雇佣他们。至于春节、元宵节期间，静升村闹红火时更需要他们一齐出动，锣鼓喧天，吹吹打打热闹一番。

王梦鹏给大儿子王中辉娶媳妇时用的就是"沟里家"的吹鼓手。因为王家在静升地面称得上豪门大户，当然各方面都不能小气。可大气又是什么规格？仅以唢呐和锣钗三件乐器合奏时，一般就被称为"小八班子"，要加上大钹等达五件以上，尤其是吹拉弹唱多种乐器俱全时，就称之为"自乐班"或"至乐班"了。

这一天，"沟里家"的"自乐班"真可谓"自乐"而又"至乐"了。各种打击、弹拨、吹奏乐器，几乎应有尽有，一起上场，你起我落，配合默契。几把唢呐同腔同调，《百鸟朝凤》《大得胜》《大团圆》《将军令》，一曲又一曲。紧接着坐唱、清唱，《空城计》《三娘教子》《打金枝》一出又一出，地道的山西中路梆子，引得十里八乡来客和看热闹的村里人里三层、外三层围了个水泄不通。有些戏迷还跟着唱，以致有人竟忘了去"坐桌子"吃"八大碗""十八器"，顾不上看新郎新娘"拜天地"。

有位远道来的贵宾不断称赞表演得好，顺口说了句也不知从哪里请的自乐班？人群中有一个愣头青小伙子随口答话"静升村肿嘴沟的自乐班"。他说完后还故意鼓起腮帮呶起嘴，学着吹唢呐的样子，还向周围人做了个鬼脸。这一举动让王梦鹏看见了，忙向贵宾解释说：那个小伙子是句开玩笑的话，不可信。本来沟里人企盼子孙日后能中举人，所以唤"中举沟"。不要看人家现在只会捣锣拍钗吹喇叭，只懂得工工尺尺；可这中举是迟早的事。这一说贵宾明白了，自乐班的人也听得清清楚楚。其实在这里王梦鹏巧用了谐音。古时俗语"嘴"通"咀"。"咀"有两个读音，故"肿嘴沟"也就成了"中举沟"。

事毕，肿嘴沟的吹鼓手们对王梦鹏弓腰作揖，千恩万谢。并说道："托先生口福，给我们指了条明路，让我们的后代真正出上几个举人"。王梦鹏答道："那是自然，那是自然，咱们静升村本来文气就浓，不但有文庙、文昌宫、文笔塔，还有现成的义学，这'义学'是不花钱就可以上学的地方。你们就让孩子们来上义学吧。"

一番话，王梦鹏说得诚恳，他们也听得十分感动。从此，自乐班、同乐会的后代们也到静升村的义学上学了。后来，也真出了几个有学问的人。由此"肿嘴沟"被淡忘了，"中举沟"叫红了。"中举沟"的"自乐班"大大活跃了人们的文化生活，也受到了广大父老乡亲的爱戴。同时，中举沟的人们也渐渐认识到读书识字的重要性，实现了先贤之中举的愿望，肿嘴沟变成了名副其实的"中举沟"。

第四节　修桥补路

"灵沁古道"是沿静升河谷，过马和、曲阳、军寨、腰庄入后悔沟，开始登山翻沟过"墕上"，又下坡，行程百余里达沁源县城。

这条路的沟通王梦鹏和王中极父子起了主导作用，打开了灵石与晋东南的商贸之路。

当时，静升与马和之间的道路要经过小水河、中河、南河，更兼道路狭隘、泥泞，往来行人甚觉不便。王梦鹏看在眼里急在心上，它先捐银百两，催人将路面"拓宽八尺到一丈"，继又修石桥、压暗渠、修坝护坡。在他的倡导带领下感动了静升、马和的村民，纷纷捐地、捐物、出工相帮相助。工竣之后，他又恐日后修路无钱，遂又再捐银两，责成专人保管，让他负责"子母环生"，放贷生息，为以后修路之用。

到其四子王中极时，又平后悔沟百余里之路，这"百余里之路"，途经"墕上"高寒地带，特别是到了冬季，过往行人有冻掉手指、耳朵者，坡上坡下死者有之。王梦鹏父子于心不忍，决心在山左山右各修客栈一处，并置皮袄若干件，大大方便了过往行人。从此，客商、族人可随意投宿客栈，吃好喝足睡好之后，穿皮袄过山越岭，免去冷冻之苦，使灵石与潞安府诸县的商贸活动路路通顺，互通有无，丰富了人们的物质生活。

除了灵沁古道之外还有两条古道，第一条是从王氏宗祠始向北经道左沟，通往北山，转而可达介休。道左沟内遇雨洪水横流，常常冲入宅院，毁坏民居，断绝道路，通行受阻。梦鹏父子与族人出资雇人，在道路左侧，砌石碹砖筑成70余丈的排洪暗渠，并在其上建起数处宅院，修眼光庙一座。历经数百年，倒今仍在使用，从未淤塞。

第二条也是从王氏宗祠开始，沿街东行，入十字瓮门沟，顺山梁北行，达北山鸣凤塬上，于千里陉古道相通。十字瓮门沟，因山高沟深又距离长，为防洪水涌入民宅，筑有防洪堤坝20余丈。今遗迹尚存。

历史上静升村有桥梁四座：

一是自王氏宗祠始往南文笔塔方向途经小水河，上修"王公桥"一座，在桥西北有碑亭，其楹联为："两岸翠屏山色秀，一条碧玉水光寒"。

二是村西的东沟、西沟两沟的出水往南汇集到白衣观音庙下的"汇泽"瓮门，出"观浪"注入小水河，有一座石拱桥，叫"通济桥"。桥东北有一条排洪、护路、护桥、护庙基石坝。

三是小水河绕村往西经"富足沟"口，在沟口上有"锁浪桥"一座，大大方便了村西人的出行。

四是村东杨树沟口有座"镇波桥"。

静升村的三路、四桥使静升村民得到了出行往来的便利，也受到上司的好评。上司和村民也给王氏家族适当的评价，如"环桥伟望""修桥济众"等。

筑桥修路是王梦鹏父子给族人、村民做出的实实在在的榜样。王家人不仅为家乡筑路、修桥尽力，就是他乡筑路有难，也会出资相助。如王氏第十七世顺天府督粮通判王如琨，因年老致仕，返归故里，路经山西平定州，正值官修东天门石路。如琨见工程艰巨，资金短缺，便毫不犹豫解囊捐银千两。平定知州上报朝廷后，奉旨在静升西街钟灵巷口建"好善乐施"坊旌表。

第五节　节孝杨氏

人常说，"黄连"苦，杨氏的命比黄连还苦。王梦麟的继妻，梦鹏的亲嫂嫂杨氏，15岁就嫁到王家，仅过了整十年的安稳生活，以后就再也没好活过一天。直到86岁寿终，守寡62年。杨氏还是杨氏，活了一辈子也没有自己的名字，还算不赖，有个好心的小叔子王梦鹏资助和照料，才没走上绝路。

"绳子偏从细处断"，这句话应到了杨氏身上。她25岁那年，丈夫王梦麟去世。家庭失去顶梁柱不算，还留下七旬婆母病瘫在炕上。长子中枢年仅七岁，还有次子中权尚在襁褓之中，杨氏抓屎弄尿整天忙得昏头转向，能听到的是子啼母悲。杨氏想，在这样的环境下生活还有什么乐趣可言？真不如一死了之，随夫共赴黄泉。经族人邻里比东道西的劝解，特别是看到两个儿子的份上，杨氏才横不下这条心去。还有一个更着急的人就是梦鹏了，他想：我的母亲就是她的婆婆，孝敬母亲是我的直接责任，硬让亲嫂一人伺候母亲心里下不去，更何况还有两个未成年的侄儿，这是王家的根苗。嫂子只能管了他们吃喝拉撒睡，仁义礼智信应该由自己全包下。梦鹏向嫂嫂保证经济上的事自己全力承担。杨氏听了他的一方劝解，也深知梦鹏在为人处世上的担当，知道他说的是真心话，绝对不掺假，也算吃了一颗定心丸。

从此，杨氏独立侍奉病瘫的婆母，无非是熬汤煎药，扶起扶卧，端屎送尿，洗涤污物。因婆母年事已高，发齿尽落，每顿饭都尽量做得柔软可食，一匙一筷喂到嘴边，竭尽孝顺。

杨氏对儿子们的衣食住行处处关心，儿子长到读书识字时全由梦鹏负责，特别是长子中枢从懂事起看到母亲的艰辛寒苦，从小就下定决心，要好好读书，长大后要出人头地来报答母亲的恩惠。在叔父梦鹏的帮助下，中枢以捐职布政司理问加二级，诰授奉直大夫（正五品），配郑氏封宜人。其父梦麟以中枢贵，诰赠奉直大夫，配阎、杨氏封宜人。其祖父谦让也以孙中枢贵，诰赠奉直大夫，配张氏封宜人。

中枢娶妻郑氏之后生子二，长学山，次学海。弟弟中权也生两子，长学成，次学文。中枢生下次子学海后不久暴病身亡。这对母亲杨氏打击更大。紧接着祖母本来就多年病瘫，再加上子伤孙亡的反复打击，病情加重，不久也一命归天了。

杨氏含泪安葬了婆母与长子，痛定思痛，为了幼孙，为了次子，又坚强地挺立起来，支撑着这举步维艰的天地。靠一双巧手，日夜纺织，辛劳操作，更重要的是靠弟弟王梦鹏在经济上的鼎力相助，在智力上的大力投资，终于使子与孙都长大成人。

经查《王氏族谱》世系表得知，中枢的孙子，学山的儿子就是皇宫御医王道昌。

王道昌生于清嘉庆十一年（1806 年），一生对医学刻苦深入研究，对男女病症、口齿、眼科、正骨、疮病等全是他的强项，手到病除，药入康复，又兼人品高尚，平易近人。清道光二十八年（1848 年），年已四十有二的王道昌，得掌管皇室祭祀食物的族人光禄寺署正王士杰之荐，当了御医，依他的德行和医术深得道光帝之信任。然而当时的大清王朝吏治败坏，国家内忧外患，使道光帝满腔幽愤，身患重病，虽经太医院王道昌多方救治仍无效应。清道光三十年（1850年）正月十四日，道光帝怀着外耻未雪、内忧未除之心情，辞世归天。

咸丰帝即位后，内忧外患无解，他又应对无方。他假借巡幸之名仓皇逃出京城去到热河避暑山庄。太医院院使王道昌及御医等人随行。到达避暑山庄时，咸丰帝明显体力不支，健康状况日渐恶化，常言道，"药医不死病，死病无药医"，结果在咸丰十一年（1861年）七月十七日咸丰帝死于热河。

咸丰十一年（1861年）七月十八日，年仅六岁的载淳即位，定年号为"同治"，慈禧皇太后和慈安皇太后开始了"垂帘听政"，彻底把同治帝当了傀儡。从此，两位皇太后忙于争权，同治帝失去了母爱，更谈不上母教，渐渐地同治帝变成了一个典型的浪荡公子，凡有女子的娼寮酒馆及其摊肆，他无所不至。

长期的淫乱生活，使同治帝渐渐染上了梅毒，身体垮了下来，御医王道昌看视后，心中明白，这是淫乱带来的不治之症。可为了顾全皇家的声誉，谁也不敢多言，于是奏报慈禧太后，说这是天花病。太后心中明白，下旨去治。用治天花之药去治梅毒，怎能康复？下体溃烂，脓血不止。同治帝病逝时年仅19岁。

同治帝病逝，御医王道昌年已68岁，他觉得同治帝病逝怕自己脱不了干系，不要说没有对症下药，就是误用了一味药，也是死罪一条。想到此，三十六计走为上。于是王道昌逃出皇宫，逃回山西，可他却不敢回灵石静升家中，从此隐居到孝义县胡家窑村。

现在王道昌的后裔一部分仍留居孝义市胡家窑村，另一部分去宁夏石嘴山和银川去发展。特别是第二十二世女企业家王惠君被评为全国劳动模范，还有的走出国门。

柒

艺文辑要

第一节 族谱序言

王氏族谱序

余承乏冷泉将及三载，每缘公事与邑之绅士相接见，得识王君约轩，崇本黜华，望而知为端人。曾出其尊人孝义录及所征名公巨卿诗，见示余，既赋七古一章，并书长联赠之，以志盛德矣。戊申秋，复以族谱定本丐序于余。灵故冲衢，鹤符虎节往来如织，且薄书鞅掌，日不暇给。匆匆数月，已届仲冬，案牍稍闲，方得为濡毫计。夫士有善行，邑之光也，令亦与有荣焉。约轩既已表扬先人纯德，克尽孝思。兹复辑家乘传久远，订正校辑历卅余年，毕数世之功，其居心厚而用力勤，为何如哉！窃尝即其谱而翻阅之，见其绘图、立法，体裁备也，伦序详明，典文洽也，不及荒渺征以信也。易五行为五常，支派清而取义淳也。大节攸关，备存旌表，立言可采，不遗文章，昭实德而崇训辞也。猗欤盛哉！慨自谱学既废，先王大宗小宗之法，尊祖睦族之意，鲜有能明之者。今王氏衣冠文物昌炽繁衍，其父老皆敦长厚之行，其子弟皆循孝谨之度。大易所云：积善之家，继继承承，宁有艾欤？使是邑有家者，咸知取法乎此。吾知礼文之相纠，酒食之相洽，有无之相通，毋挟富而轹贫，毋先疏而后亲，于以敦宗族，厚风俗。先王以族教安之，义于是乎在。而令斯土者，因家乘而为邑志，发潜德而阐幽光，用备太史采风少补。圣朝文献之末，则又足为庶官尽职之一端，云约轩之谱一家云乎哉。

敕授文林郎、知灵石县事、丁酉科举人、内廷三通馆校录、加四级记录三次、年家眷弟中州蒋荣昌顿首拜撰。

作者简介：蒋荣昌，清河南睢州（今属河南商丘市睢县）人，举人，乾隆五十一年（1786 年）知灵石县事。

王氏族谱序

甲辰夏，王子约轩以厥尊人孝义录并所征当代士大夫诗见示余，既序而归之。越丙午，复以族谱定本丐余弁言。简端翻阅之余，见其绘图立法，伦序详明。厘正校辑之功几三十年。于以知约轩宅心厚而用力勤。诚所谓：笃亲亲之谊，而敦一本之爱者也。夫天下之士莫患乎！驰骛于名利之场，而溺而不返，遂使宗族之间淡若陌路。至于纨绔浮梁刻薄操戈之徒，又其甚者耳。苟有赋性肫挚，家训克遵者，力矫流俗之弊，卓然自立于名教之中。不必为人所不能为，而己为人所不及为。圣经谓：正心方能修身，以齐家。程子谓：敦宗族，乃以厚风俗。呜呼！士生圣明之世，岂必服政临民，始足展厥经济哉。天下之善士，其始即一乡之善士也。夫既曰"善士"矣，化及一乡，化及一国可也，顾不伟钦。今约轩志切亲亲，念深一本，其生平虽不遽周悉，然斯二事，可尽其大凡。余愿约轩更加勉焉，毋徒为春华之荣，而遂忘夫秋实之茂。约轩以为何如？

赐进士出身、诰授中宪大夫、广西分巡左江兵备道、前湖南分巡衡永彬桂道、工部都水司郎中加五级记录二次、年家乡眷弟晋阳李天培顿首拜撰。

作者简介：李天培，清山西太原鸣李（今属晋中市榆次区郭家堡乡）人。乾隆甲子（1744 年）科进士，官至湖北按察使。

重修王氏族谱易五行为五常序

闻之礼，上治祖祢，下治子孙，旁治昆弟，合族以食，序以昭穆，别之以礼义。故同姓从宗合族属，异姓主名治际会。其从宗者，同姓之父族，从大小宗也。其合族属者，合聚族人之亲疏，俾昭穆同时食也。族征于服，四世而缌，五世祖分，六世亲属竭矣。庶姓别于上，而戚单于下，四从兄弟，各自为宗，因字因官，别于高祖，以外亲属广矣，疏矣。然而，系姓弗别，缀食弗殊者，何也？尊祖故敬宗也。敬宗故收族也。服以等，而递杀，情以联，而相生也。后世，氏族之法废，而孝弟之原薄矣。灵石王氏，代有闻人，家有谱。元皇庆间，其先诚斋公，始迁于县之静升里，是为灵石始迁之祖。迨后，十三世尔康公始修谱，十五世六翮公复辑之，六翮公之嗣约轩恐椒繁瓜衍，支派日滋，久而难征也。承先志，而慨然重纂。殆动念水源木本，而有敬宗收族之思者欤。独是旧谱世次以五行分支。虽天地间之理，不外五行，而五行有相生，必有相克，所谓五行之动送相竭者是也。谱以联族属，其服以等，而递杀。其情以联，而相生。既相生矣，何可复克？生，本有相关之谊；克，复有相制之机。由是理推之，将亲属之竭，必至视为途人。分离乖隔，安所得尽敦睦之道，追孝弟之思乎？约轩所观者远，所虑者深，爰易五行分支，而以五常各系之。五常之德实而可宗，不比五行之机环而迭竭也。是谱辑，而明乎继别。继祢大宗小宗之义推之，服术之有六，从服之有六世系昭，而本支合周亲狭，而族属通。更何患分离乖隔，生克相制欤？名之正也，情之联也。考谱帙，而悠然于世系之源流也。约轩会奉恩诏，谘访孝义，既将六翮公事实，胪呈大吏，请旌于朝，得旨俞允，给银建坊，将崇绰楔，以显家声。更于宗祠中，岁时享祀，讲明谱系。凡系姓，弗别缀食，弗殊之义，切究而举行之，其有功于灵石，始迁祖以下，岂浅鲜哉？约轩以谱之成，而分支之更正也。属为之序，爰应其请，而申明礼经大义，以质之。

赐进士出身、文渊阁检阅、起居注主事加二级、充武英殿三通馆方略馆、明史音韵职官表各馆纂修官、元和愚弟顾宗泰顿首拜撰。

作者简介：顾宗泰，一名景泰，字景岳，号星桥、晓堂，清江苏元和人，与王鸣盛师从沈德潜。乾隆四十年（1775 年）二甲十三名。历官吏部主事，高州知州。著有《月满楼诗集》《月满楼文集》。

重修王氏谱系序

族何以谱？宗法废也。宗法废，而谱系立。谱系立，而源流昭穆明，谱盖可忽乎哉？王氏旧谱，创于吾四从叔祖尔康公，上自始祖，下及高曾。总其纲，列其目，分其支，别其派，条理分明，脉络有序，其为合族之水木源本计，匪浅鲜也。夫莫为之前，虽美弗彰；莫为之后，虽盛不传。子滋惧焉。谨案世系，有诚斋公者，于元皇庆间，由本邑沟营村迁居静升里。于是静升后人奉公为始祖。沟营村茔域虽存，志铭泯没，其详不可得闻。而静升宗支蕃衍，分为五派，棋布星罗，记载了若指掌，今且二十余世矣。誉髦杰出，功名磊落者，代不乏人。夫乃叹祖宗之培泽长，而谱之续编不可不急辑也。爰寻其端委，详其颠末，使大宗为小宗之统，而小宗各有其统。小宗为大宗之绪，而大宗自有其绪。亲吾亲，更欲由吾亲以及亲；长吾长，更欲由吾长以及长。于别白之中，得敦睦之意。自是传之久远焉。岁新而月增，尤有望于后之克振家声者。故序。

大清乾隆十九年岁次甲戌春三月吉旦
十五世孙梦鹏薰沐敬序

作者简介：王梦鹏（1680—1756），字六翮，号无逸，又号竹林，静升王氏第十五世孙，优生，敕封儒林郎，晋赠中宪大夫，工于书法，殁后入祀县忠义孝悌祠。奉旨建"孝义"坊旌表。

族谱定本序

吕东莱先生曰：古之氏族繁，而知之者多。今之氏族简，而知之者少。盖由谱系之明与废而已。呜呼！谱系亦岂易言哉。古者，天子建德，因生赐姓，而家必有宗，故宗法立，而谱学明。记曰：别子为祖，继别为宗，继祢者，为小宗。有百世不迁之宗，有五世则迁之宗。诸侯不得祖天子，大夫不得祖诸侯，别子待其子，而为祢。庶子传其子，而为宗。所以大宗惟一，而人咸知尊祖。小宗有四，而人各知敬祢。程子谓：管摄人心，睦宗族，厚风俗，使人不忘本者此也。后世宗法不讲，姓氏日紊，仕宦之家，以通谱相比附，孤寒之族，数世前，已不知其所自，甚者牵藤附葛，久而愈淆。夫水源木本，茫然莫知。而通谱比附者，复厚所薄，而薄所厚。则为仁人孝子者，将何以笃我亲亲之谊，而敦我一本之爱耶？呜呼！此辑谱之不可不急也。王氏世为灵石之沟营村人，元皇庆间，祖诚斋公，始迁于本县之静升村。历传至今，凡二十余世。吾叔曾祖尔康公始为谱，奉诚斋公为始祖，而递纪焉。世系分明，名讳悉具，大纲细目，棋布星罗。于是，族中人创宗祠，防茔域，凡有公议，靡不踊跃从事，而至岁时享祭，奔走赞襄，咸油然有敦睦风。然则为谱者，管摄人心之效，岂浅鲜欤？顾其中，燕兰巫胞，尚少厘晰，而鲛珠蒲芦，竟未删削。此虽先人忠厚之意，而按以大宗小宗之分，太原、琅琊之源，不免紊，且诬矣。甲戌春，先君子捧阅至此，慨然兴感，思祖德之不可忘也，校订之不可缓也。节繁删冗，补苴罅漏，并为弁言简端，仍以世远族繁，未遽周悉，命余小子暂录一册，以俟详核订辑，永为定本。讵于乙亥岁，竟捐馆舍，而谱务未克告终。厥后四年，余小子始得敬绍先志，濡墨从事。爰采礼大传宗法遗意，排类绘图，细订详注。且与族人辨已载之次第，而讳字配偶悉正。查未登之散派，而源流昭穆毕明。附以名贤序铭，而终焉。噫！是谱始修于尔康公，越数十年，先君子厘正指授，余小子勉述，而校辑之篝灯手录，未敢少衰，至甲午冬成编，颜之曰：王氏族谱定本，盖又二十年矣。后之，令子贤孙翻阅是谱，念先人所以为谱之意，与夫厘正校辑之勤。拳将由是而睦宗族，厚风俗，于以成一乡之善士，一国之善士，端有厚望焉。其尚永遵此志也夫。

大清乾隆三十九年岁次甲午孟冬吉旦
十六世孙中极薰沐谨序

作者简介：王中极，字会五，号约轩，静升王氏第十六世孙，以贡生例授布政司经历加二级，诰授奉直大夫，晋封中宪大夫，宣武都尉。清乾隆五十年（1785年）圣驾临雍，蒙赐黄褂一件，银牌一面。清嘉庆元年（1796年）正月初四，参加在紫禁城宁寿宫皇极殿举办的千叟宴。有清乾隆庚戌（1790年）存厚堂藏版《王氏族谱》存世。

族谱付梓序

族谱订成定本，已阅十余载矣，未付剞劂者，体例未敢遽信耳。中极未尝学问，何敢僭言体例？顾惟谱系之重，校辑不备，何以传之久远？此私心所窃虑者也。按余家旧谱，凡世系及名讳，先君子综核，而抄录之，虑体例未备，从事采撷，细加商确，未获卒业而殁。中极恪遵先志，心力颇殚。癸未岁，走京师，蹴居城东芦草园之有竹轩。得司马温公、苏文忠公家谱。览数月，得其遗意，爰取斯谱，更加订正，法式、图画并依二氏体例。至于祠主所传，碑碣所勒，与夫名号配偶，一一细书。复阅两寒暑，而规模始详。十世以下，五支分派，向以五行分记，因五行相生，复有相克，揆之椒衍瓜绵之义，似有未协，爰易五行为五常。维时，秘检顾星桥先生为海内夙学，序而传之。中极用告族人，非敢妄自更张，实为族祚攸关，亦犹是先人敬筹体例，不敢因陋就简之意。其中如诰敕，如忠义，如节孝，坟墓、宗祠、坊表、爵位、名字诸条，考究详明。务归传信、传铭、志表，先人品望，事业所寓，俱行抄录，不敢或苟。若夫嫡母、继母各有所出，旧谱未经分注，遂致已往难稽。今为推原，所自并加详识焉。嗟呼! 中极自癸未岁辑录，至甲午岁订为定本，又迟至己酉乃付剞劂。旁求博采，支派厘然，绍前徽而示后嗣。寿枣梨以卒厥业，用以继先君子之志，几三十年良非易易也。他日硕大家声，补予区区所不及，是有望于增修斯谱者。

乾隆五十四年岁次己酉三月十五日

十六世孙中极薰沐再序

王公孝义诗序

光山胡季堂撰（刑部尚书）

古来经明行修，敦孝崇义。父子兄弟间，家法雍睦。汉如万石如荀陈，唐如韩如穆。其较著者，若厚谊在州党，阴德在子孙。如淳于恭王忳之流。品笃意，肫施周惠洽一二事表见为世所难。至后世家庭之道衰，任恤之风薄。苟有卓绝者，倜乎远矣! 我朝深仁厚泽，风厉海寰。其有道行，克敦孝义可称者。许大吏具实以闻，锡之旌表。此山右六翮王公，所由特著于灵石也。王公之修孝于门内，施义于乡里。详令嗣约轩文学所辑家录中。余循环披览，肃然起敬，油然生慕焉。约轩又征海内名公巨卿诗歌，以表彰懿行。凡有道德而能文章者，莫不向往，乐道美斯爱，爰斯传焉。夫晋魏之地，节义仁让，是其素风。然或不能自立，渐趋浇薄，无以型家，无以厚俗，又何以承家垂裕欤? 呜呼! 化于姬德，则间田而兴让。习于嬴敝，则相稽而反唇。王公能厚自濯磨，自奋于圣化。砥行生前，邀荣身后，何其幸也。宜士林钦之，颂之，而不能以已也。语云：“一人善射，百夫决拾。”闻王公之风可以兴矣。

作者简介：胡季堂（1729—1800），字升夫，号云坡，清河南光山人，乾隆三十九年(1774年)擢刑部侍郎,乾隆四十四年（1779年）迁尚书,嘉庆三年（1798年）授直隶总督。

灵石族谱后序

太原吾宗也。余按家谱旧叙载,莱阳王氏系出琅琊,而琅琊本出太原。盖自周王子成父得氏为王,子姓蕃衍,遍海内,即琅琊一宗散处莱牟间者,已数十百族。而况太原乎？灵石王氏太原之宗裔也。岁辛丑,遇约轩于燕邸。相得若平生欢,以年叙为昆季。询其世系,自元皇庆间,诚斋公迁邑之静升村,始可谱。与余家谱所载年,先后略同。嗟乎！灵石去太原数百里。视莱之僻在东海,犹同郡耳。宜若有以世其传,乃元以前都无可考也。因以叹,古来巨姓,著在史传者,更难仆数。乃或数传,而失其绪。或数十传而卒,就湮。岂祖宗不能庇荫子孙与,抑子孙不能缵承祖宗与,将兵燹凶疫,迁徙流寓之无常。虽祖功宗德,孝子慈孙,亦缺有间与,天也。太原之所以有灵石也,犹琅琊之有莱阳云尔。若夫维持保护,自始迁祖以下,谱而属之。昭穆以序,长幼有伦。使弓冶箕裘之可稽,大宗小宗之弗紊,则人也。天或从而福佑之也。由是言之,谱之所关亦大矣。吾宗其有意于斯乎？谨按谱,以诚斋公为鼻祖,传信不传疑也。由诚斋公至今,历世二十有五。再易代,而宗支秩然。绳绳靡不承如珠之有贯。其服青衿,都膴仕者,益日多。本深木茂,庶几绵衍勿替也。始修谱者为尔康公,仅草创焉。今奉旨旌表孝义。六翮公重辑之,益缜密无阙漏。约轩为孝义公少子。今年春,来京师,将以谱付剞劂。葳孝义公陈事,而复与余遇。先出孝义录示余,已又出谱属余序之。余受而卒业,慨然曰：于戏！六翮公孝义人也。孝于亲则尊祖,尊祖故敬宗收族。公之义既捐金贩粟,以赡族。宁忍族之分且散,而弗鸠之集之谱之修也。联数百年已分已散之族,合而聚之一册。则今之各一家者,不啻共一家焉。然则公之孝义修于身,公之孝义,所以上治祖祢,下治子孙,旁治昆弟者,正未有穷期也。又按谱旧以五行分支,约轩易以五常。夫五行义取相生,五常道在可久。唯可久,而后生生不穷焉。且令览斯谱者,触目而警心。因文以考义,是又时以五常之道诚勉族人也。于以保世滋大,辉映家乘,讵有艾钦。太原吾宗也。莱阳一族，虽不得与灵石同谱，抑犹分其余光也。己故不揣固陋，而为之序。

乾隆四十九年岁次甲辰闰三月上浣之吉
莱阳王镕谨识

族谱后序

族之有谱，惧宗支失序，久而无稽也。吾族自元皇庆间居是乡，迄今四百余载，历二十余世，人丁繁茂，约近千家。吾曾祖尔康公，考茔碣，询室主，广搜博采，而成斯谱。至今某宗为某祖，某父某支为某子某孙。源分派别，了如指掌。使阅之者油然有水源木本之思，动尊祖睦族之意。且今后之增修者，得藉以考证焉。越数十年，族伯六翮公与吾生父定宇公修之。而愚兄弟等复增葺之，今又数十年矣。族弟会五超然奋起，充扩前规。分纂二十卷，汇于一册，而斯谱遂成大观。夫以千余家几不相识之人，汇于一册。而一人偶缺，则怃然有所不安。一派偶疏，则皇然有所不宁。某家某产或有凋零，某人行谊或有乖失，则不禁恻然心动焉。嗟呼，以几不相识之人，犹且廑其家，而顾其行，而反躬自问，有不惕然自警，以求光祖考，而裕子孙者乎？然则凡我族人，阅斯谱者，按派寻源。皆知某宗为某祖某父，某支为某子某孙。溯而上之，固不啻一家也。而人固优裕，我独凋零；人固仁贤，我独乖失。由是各怀自奋之心，且共相劝诫，务期家日振兴，人皆淬励。上继先业，下启后昆，以为合族光宠。庶不负吾曾祖辑谱之心，与会五弟重修之志。而后人之贤，当更有继前徽于不隧者，又何虑宗支失序，久而无稽也哉？

乾隆三十九年岁次甲午嘉平吉旦
十六世孙蕙谨序

作者简介：王蕙，字齐芳，号南村，静升王氏第十六世孙，授例国子监太学生，著有《南村诗集》。

族谱定本凡例

一、王氏系出太原，屡代迁徙不常，上世谱志散佚难稽。吾叔曾祖尔康公始为谱，即以元皇庆间，迁于静升村者，奉为始祖，而先世遂从略焉。今再修定本，仍用此例，所以遵阙疑之训等诸祧义云尔。

一、是谱修于康熙戊辰，越三世，至乾隆甲戌，先君子订正未半而殁。余小子敬绍前志，又三十年，始克付梓。其中间，有未经厘晰者，一本先人忠厚之意，非敢故为同和，移矜胞与也。

一、旧谱以始祖下五支，分配五行，源流昭穆，虽然可考。论者谓，五行有相生，亦有相克，未为完善，今易以五常分派，又请星桥顾太史为序。以告族人，非敢妄自更易，实为世系绵远起见。

一、族中历传廿余世，现有千余丁，支分派别，各著源流，绘图立式兼采苏氏小宗图，颇无差讹。

一、旧谱妻氏不注，而且元、继配各有生子未详。今仿司马温公谱例，书元配某氏生几子，继配某氏生几子，且母以有子为荣，而为子者，亦知所自出矣。

一、某公生子几人，必书某为某公长子，某为某公次子，本源详注，大宗小宗朗若列眉，享祭迁祧，按谱细查，自无紊乱。

一、祖宗名讳，子孙口不可得而言，况敢俨然犯讳命名乎。谱内先世五支名讳备详，子孙按谱稽览，庶知避忌。

一、祖宗德泽既厚，子孙昌茂所基。族中屡代文学功名之彦，不一而足，更有以忠孝节义著者，渊流有自，具可征矣。今区分门类，详为备书。固属吾宗盛事，益思先德绵长，凡我族贤尚共勉旃。

一、宗祠为先灵凭会之所，秋露春霜，熟无孝思，况乎亲亲之。道于是乎在，愿我族人共相经理补修，勿替规制，务俭务朴，享祭毋僭毋侈，绘图祥记，良足备观。

一、坟墓为先人精魄所藏，祭奠系焉。谨为绘图，详实备考。若夫远族，兆域既多，难以尽绘，惟即地名、山向，各行注明。

一、无嗣诸冢，自元至今四百年间，塌陷甚多，骸骨暴露，风雨侵凌，谁非云礽，宁敢淡漠，爰于乙巳岁，极礼请族人出资修筑，俾马鬣固，而先灵妥。仍约族贤，以时共加省视，勿令复蹈前辙幸甚。

一、坊表所以旌扬令德，昭示来兹。在吾宗，固征先人为善之报，在乡里亦兴观感，向义之思，族中忠孝节义不一，其人凡有坊匾，备书于谱。子孙视此，罔替世德，有厚望焉。

一、志传、诗文、格言、家训，或出贤士大夫，或出族中俊彦，择其光我家乘之作，备录成帙，其有赞扬溢美者，亦遵往哲，善善从长之义，不敢弃置。若格言家训，必本天理人情，毋矫激，毋滥同，方敢入选。至于族人闲情寄怀等篇，虽极工丽，概不滥登。

一、增修此谱，定以十五年为期。子孙年十二岁者，方许登录，庶名讳皆定，无紊乱之弊矣。

十六世孙中极谨识

儒林郎邑庠优生先考无逸府君行状

呜呼，痛哉！府君竟弃不孝等而长逝矣。不孝中辉幼承庭训，朝夕以读书砥行为诫勉。当不孝游学京师时，府君寓书谕以言，动务遵先世矩剗，慎毋戈取声誉，浮而不实，为老人忧。不孝仰体亲心，束身淬砺，不敢稍自放逸。方冀府君享寿期颐，饭稻羹鱼，永奉甘旨。无何昊天不吊，降此鞠凶。不孝等呼天抢地，百身莫赎。顾念府君一生积学，嘉言懿行，乡党亲族无不奉为师法。不孝等既恨身栖蓬藋不获，少伸显扬之志。倘有美弗传，则罪滋大矣。用是和泪濡墨，略陈梗概，伏望大人先生采择焉。府君姓王氏，讳梦鹏，字六翮，号无逸，世居灵石县静升村，系出太原，代有闻人。先曾王父讳炳然，孝弟力田，远近推为长者。先王父讳谦让，兄弟四人，雍睦无间言。伯祖讳谦受，先王父行二，叔祖讳谦和，季祖讳正居。季祖无嗣，以府君为后。先王父年未强仕，即痛早逝。季祖综核家务之余，殚力举子业，有声庠序。以孙中辉州同职，敕赠儒林郎，季祖母翟太君敕赠安人。府君性至孝，为孺子一言一笑，无不得父母欢，事继父母益恭。及长，先王父母殁，府君丧葬哀泣，感动行人。季祖父母有疾，乞以身代，左右奉养，皆以寿终。殁后，丧葬尽礼，筑庐墓旁，必哀必

196

敬，无异所生，乡里迄今称其至孝不衰。府君自幼端厚，专心汲古，于书无所不读。即严寒酷暑，非三鼓不就寝。尤究心于濂洛关闽之说，以故作为帖，括理明法备。年二十一，补博士弟子员。学使者岁科试屡列前茅，特举优行，予匾旌奖，胶庠中交争羡焉。授经里中，远近从游者，户外屦常满。府君循循诱，掖终始不倦。弟子行成名立者甚众。姻党中有纷争者，往往不诣县庭，多质成于府君，无不得其平而去，好施与，见贫乏者不能婚葬，即解囊赒之，无德色。有积逋者且焚其券，村中溪涧淫雨苦潦，人多病涉。旧有石梁倾圮尤存，府君捐百余金，为之倡修。而好义者共趋勸焉。逾月工竣，雁齿坚致至今赖之，宗族乡党贫富不一，岁时丰歉未可意测，慨然捐六百余金，礼请村族公正付之经理，以备凶年周恤。里巷中无主尸骸，不忍其暴露，舍地九亩，建设义冢。又因乡族无力之家，子弟不能读书，遂为建立义学，预储脯费，延请师儒训之。乡族以府君善行多端，议举府君孝义，请旌以为矜式。府君力辞至再，其事遂寝，然颂声终不能已也。府君少爱书法，每聚晋唐宋元名贤真迹，朝夕临摹，苍劲秀逸，卓然自成一家。暮年尤乐此不疲，盖性所嗜也。甲戌冬，府君患腹疾，久成痢，丙子春正月乃愈，不料即于是年五月之三日竟谈笑而逝。国子监监丞扬淦孙先生来吊，以"古之遗直"颜诸挽额。呜呼，痛哉！不孝中辉等擗踊呼吁，罔极未报。欲求再如曩时，亲承严训，以淑厥躬，已杳不可得矣。府君生于康熙十九年十月初二日，卒于乾隆二十一年五月初三日，享年七十有七。元配郑氏，江南华亭县知县讳国翰公孙女，廪生讳连侨公女。继配汪氏，前明进士、兵部郎中、山永监军道，讳之祯公曾孙女，增生讳焜公孙女，庠生讳席琰公女，俱敕赠安人，先卒无出。继配曹氏，庠生讳步云公女，敕封安人。子四，长不孝中辉，候选州同；次中起，候选州判；三中履，儒士；四中极，贡生。女二。孙四，学海，太学生；文山、书山俱业儒；凤山幼。曾孙一。曾孙女二。不孝中辉，苫幽之中，语无伦次，伏冀大人先生锡之铭诔，则不孝等感且不朽。世世子孙亦感且不朽。

不孝男中辉中极谨述

赐进士出身翰林院侍读学士会稽周长发填讳

周长发（1696—1760），字兰坡，号石帆，清浙江山阴人。雍正二年（1724 年）进士，改翰林院庶吉士。散馆后，任广昌知县，又任乐清教谕。修《浙江通志》，乾隆元年（1736 年）召试博学鸿词科，授编修。官至侍讲学士，入直上书房。乾隆十二年（1747 年）转侍读学士，为江南副考官，两度担任顺天府考官。曾参与编撰《纲目皇朝文颖校刊》《辽史》《续文献通考》《词林典故》等书。著有《赐书堂集》《石帆山人年谱》。

第二节　碑文辑录

静升村王氏源流碑记

盖人之有祖，犹水木之有本源也。木有本其枝始茂，水有源其流乃长，此理所必然者也。今灵石县东三十里，静介里静升村王氏始祖讳实，起自寒微，寄迹本村，诞生一子，派衍流长，至今已一十三代矣！吾未悉祖公之为人奚若，功德奚若，相貌丰骨又奚若。而即以今日之子孙蕃庶，绵绵似续，衍而至于数百丁；粮税殷繁，岁岁弥增，积而至于数百石。士者经史传家，英辈迭出；农者沃产遗后，坐享丰盈；工者彻通诸艺，精巧相生；商者逐利湖海，据资万千。猗欤斯族，寝炽寝昌，正所谓："绵绵瓜瓞，衍庆无疆"者也。不惟介里擅其美，灵邑推其盛，而且一脉迁河南称为巨族，一脉遗山东比隆本宗。要孰非祖公厚德者，有以培之于不穷也哉！遐想之下，则祖公之勤俭励己、功德贻谋，概可征矣！今十二代孙，讳大清，字临泉公者，报本追远，意欲创碑，以垂不朽，诣余为文，余不能，特聊摹其梗概，以为记云。

大明天启五年岁次乙丑春三月清明佳节，邑庠生员秀峰王育俊顿首拜并撰。

大清雍正六年岁次戊申夏六月念八日榖旦，十五世孙优生梦鹏重摹元刻上石。

大清乾隆二十八年癸未秋七月十五日之吉，十六世孙州同者楠再录原文勒石。

监工人：监生珉、琦，监生甸枋，监生鼐、治齐，监生绪，监生清荣，监生者模，监生清禄，生员奇英、广业，贡生中极、辅，生员四扬、有禄，监生长令、晋，贡生延龄，监生祝将，吏目睿堂。阖户公立。

作者简介：王育俊，字秀峰，明邑庠生员，静升东王氏第十世孙。

静升村王氏源流碑记（拓片）

创建祠堂并增置茔地碑

宗祠之建非过举也。凡以为祀，先计尔筑室于兹，俾始祖灵爽有凭。则历世相继之祖，即支分派远，皆得聚处一堂。而后之子孙世世得为之因时孝享，以奖其诚敬也。念始祖肇基兹土，迹虽甚微。而艰难缔造，不知几为勤劳刻苦，始获瓜瓞绵绵。传而益大，久而弥光。继至今，寝炽寝昌，土宇渐广，子孙渐繁。一时身列儒林，名登仕籍者，五十余人。至若农工商贾之俦，各抒所长，以相与著美，于时者济济称盛。凡若此者，何莫非祖德宗功之所积，而成焉者也。木本水源之思，其能忘乎？则筑室崇祀宗祠之不容已也，莫此为甚，十数年来前人屡有是谋，而志未克慰。康熙丁酉之秋，十四世孙生员翰，十五世孙体直、君襄、生员凌云，十六世孙奉天五人起意出资，公设酒筵，为增广茔地之谋，聚族公议，而兼谋祠堂之筑。合族闻声欢欣，踊跃鼓舞，各为量力而捐资。其资不足者，亦愿营工

创建祠堂并增置茔地碑（拓片）

而效力。爰择监生图中、岁贡君觊、生员梦麟与共总其事，而相助为理焉。其时约捐银五百两。因旧茔狭隘，四面买地七十五亩五分，价银壹百玖拾肆两零五分。余银叁百两有余，以为创建祠堂之费。戊戌三月朔日，度地置基，卜云孔吉，鸠工庀材，建正室三间，门屏三间，内外墙垣环备。两旁设守祠舍，朝夕供洒扫焉。除捐银两外，加十分之二五以充费，而仍不克观成。岁贡候选州同麟趾复捐银若干两，吏部候选州同寅德复捐银三十两。以终其事。而宗祠于焉观成。是役也，起于戊戌四月吉日，越己亥七月末工竣。夫历来宗祠之建，固所以崇祀先祖，兼合飨继此之群宗也。岂过举哉？而后之子孙世世相承，春露秋霜，岁时伏腊，咸为之得以尽志，聚笑言欢，依然有一室一家之乐。则联情睦族之道，未尝不于是寓焉。洵盛举也。今而后，愿子子孙孙景仰前徽，敬承先绪，世守勿替焉，则幸甚矣。勒石垂后，族人属愚为序，爰记始末，以为后世子孙劝。

康熙五十八年岁次己亥中秋之吉

甲午乡贡士十五世孙一旦薰沐谨撰

生员十五世孙梦鹏薰沐谨书

作者简介：王一旦，静升王氏第十五世孙，清康熙甲午（1714年）贡士。

王公大林墓碑记

守常规，习惯事，墓前书字，使子孙知其处足矣。然愚等知亲之功，知己之过，不可不与子孙共知也。愚父一岁丧父，祖母孀居，抚养成立。愚母十二来归，未及庙见，敬执妇道，德行之事，不胜黾勉耕织之业，备尝辛苦，常存余粟余布，以备不虞。葬衰灵四，葬其灵四，救族姓之有丧者于不胜。屈嫁姑者五人，嫁女者四人，成子孙之室家者二十余人。我父生年七十有六，我母生年八十有三，生前余衣余食，不以为意，特虑死无亭龛勉强置舍宇，死无葬穴勉强置田地。及没世，增舍宇三栋，增田地数亩，处舍宇为亭龛，易田地为葬穴，皆如其愿。是以旌祖坟，而卜宅兆安厝此地，示愚父母之功也。生愚等四人，半为农，半为士。自幼常常劝之，以耕以读，尝谓："春光易失，时不再来，于农者不能积粟，于士者不能登名，始悔恨。"我父母言之谆谆，愚等听之邈邈，此愚等之罪也。愚等前辈之者，又不愿后人仍之，于是记之墓碑，劝诫我后：凡我子子孙孙及其其功强之子弟，勿以愚言为钰，勿以腐老心聋，徒为没字碑，不立观感。他山之石可以攻玉，勉强事业，一旦有功，永赖益在。尔后愚为死者，言之不与之俱死。

不孝四男生员攸宁记

族中曾孙生员梦鹏书

康熙五十八年季春初八日吉立

作者简介：王攸宁，字尔康，清生员。静升王氏第十三世孙，终身教授乡里，康熙十四年（1675年）书丹静升文庙碑文。殁后，时任黄州知府康忱为之撰《尔康王公传》。

新修祖茔墙垣碑记

及时而成之，所以慰先志；先时而诫之，所以计永久。吾族先世卜茔兆于岩上，盖二十余世，垂四百年，门祚迭为盛衰，祖孙同此首笔丘，其来久矣。孔子合葬于防，其封四尺，闻门人防墓崩之语，泣然出涕曰："古不修墓，盖言慎也。"韩侯未贵时，营葬母地，必使其旁可列万家，盖欲克昌厥后也。牛眠之道，生方旺位，五行护山，差之毫厘，谬以千里。旨既微而难晓，而舍人事，而虚邀造化，又儒者所不道，是以弗深论。但幽明异路，则不容不严为区别。旧墓间穿有行道，甚非宜。虽冢于地者不一姓，而吾族为望，每见担负践踏，往来不禁，怒焉如捣。而且樵夫牧竖杂沓欢哗，相继不绝，此雍门所以下孟尝之泣也。谁非云礽，而甘此夜台扰攘，松楸嚣凌，以听先灵，时惊时骇，而漠不为所乎？爰共族人酌议，以为奠宅窀，须断往来。欲断往来，必筑墙垣，各摅孝思，勿衡多较寡，族众欢然许诺，遂于雍正六年七月鸠工，越来年四月告竣，开道于两旁，窜步于捷径，幽明各得，俾两无憾，共议镌石，以垂永久，亦以告后昆时为修葺，庶不至日久颓败而复蹈前辙云尔。

十五世梦鹏撰

清雍正七年立

饬防茔域碑记

及时而成之，所以慰先志；先时而域之，所以树永久。吾族先世卜茔兆于岩上，盖二十余世矣。即今垂四百年，家世几为成败，先茔同此首丘，其妥先灵也久矣。孔子合葬于防，其封四尺，闻门人防墓崩之语，泫然出泣曰："古不修墓，盖言慎也。"韩侯未贵时，营葬母地，必使其旁可列万家，盖欲克昌厥后也。牛眠之道，生方旺位，五行双山，差之毫厘，谬以千里。旨既微而难晓，而舍人事，而虚邀造化，又儒者所不道，是以弗深论。但幽明异路，则不容不分，旧墓间穿有行道，甚非宜。虽冢于地者不一姓，而吾族为望，每见担负往来不禁，恝焉如捣。而且樵夫牧竖践踏狂讴，杂沓喧哗，相继不绝，此雍门所以下孟尝之泣也。虽非云礽，而甘此夜台扰攘？松楸嚣凌，以听魂魄，如怨如诉，时惊时骇，而漠不为所乎？且窀穸之区名为"佳城"，由斯以谈，其佳也几何？每念及此，至不成寐。计之累月，断之一朝。爰共族人酌议，以为欲奠地下，须断往来。欲断往来，必筑垣墙，仿周礼犹醲之意，勿衡多较寡，各摅孝思，族众欢然许诺，遂于雍正六年七月鸠工，越来年四月告竣，开道于两旁，窘步于捷径，幽明各得，俾两无憾。共议镌石，以垂永久，亦以告后昆时为修葺，庶不至日久颓败而复踏前辙耳。

督工纠首后裔生员正居、生员堂璋、贡士君觊、贡士如璇恭记

十五世裔孙梦鹏书

乾隆元年丙辰八月中秋前三日吉旦

王氏输资护族题名记

语曰：千里相思。又曰：百闻不如一见。灵邑，吾先人故里也。地瘠而风厚，其人忧深虑远，勤俭自持。所以地虽瘠，而民之颇饶乐。风既厚，则好义出诸天性。私心嘉叹，欲到无由。岁之甲寅，余以展先人丘茔来是，方见其城郭人民，山势村落，朴茂古处。与前所闻不相刺谬。曩之遥遥相思者，今斑斑在目，其有乐而忘归者乎。邑之静升村王姓者，望族也。繁衍昌炽，列绅士者，几于邑十之一。而敬宗收族，亦为邑人啧啧称

道。一日，其族人以护族输资，备缓急有无，为余告。一以扬往，一以劝来，欲为文以记之。使后之闻风兴起，能绳武者，皆得勒石，以垂不朽。余以为此懿事也。所谓圣朝雅化，端始于乡，久必形为大同。将来薰其德，而善良者，当不止一乡一邑已也。而人之据所有，以自封，而不为姻睦计者，闻此，卒不怦怦有动焉。其亦未之敢信矣。遂于其输资之年月、数目、芳名据实以书。

赐进士出身原任江南清吏司主事上谷房璋撰

族人儒学生员梦鹏书

乾隆元年丙辰秋七月谷旦

作者简介：房璋，直隶保定（今属河北）人，清雍正甲辰（1724 年）科赐同进士出身。曾任江南清吏司主事。

重修本村祖茔墓碑并沟营滩祖茔墓碑记

天下事未有无本者。水有源，而后支分派别，其流及远。木有本，而后枝叶参茂，阴荫广敷。此仁人孝子，所以专用力于本也。友人王正朔，讳元旦者，袖家乘序一纸，来请予作碑记，而详为我告曰，先世本家，在县之西南，曰小水村，即今之沟营滩。至元皇庆间，始祖讳实者，始迁于静升而家焉。厥后歌于斯，哭于斯，卜地村之北原，以为茔。而沟营之茔遂废，今四百余年矣。始祖之墓马鬣渐卑，碑跌漫漶，半为莓藓所蚀，而堂居蓁芜，岁时拜奠殊为不恭。十五世孙字介卿讳肇藩者，并思当日沟营一茔，虽年岁渺茫难核。而奉尝绝与后世，宅兆残于薪采。过之实为恻然。因聚族而谋，相与量力捐资，得三百余金。遂诹日修始祖之墓冢，起而高碑，易而新建碑楼，以为观。砌瓴瓶，以为唐，而拜扫之际，庶为少慰矣。至于沟营之地，亦周以缭垣，表以列树刻石以记之。不使樵夫牧竖，歌吟而上下焉。是役也，所凑三百余金，未足于用。有我家帝臣翁，前因戊寅之荒，捐银四百两，散给子种，以惠我族人。迨后，甲头人等将普赈外，所余银两按本生息。越四年，而子母，共计四百之数，依然复旧矣。窃思我帝臣翁之捐是银也，固先以合族表尊祖之意，渐将以尊祖慰合族之情。吾辈默揣此意，因取用一百三十余金，而厥功乃以告竣。今将勒

204

珉，以藏之祖庙，可无记以告后之人乎?呜呼!吾德正朔之言，而叹羡王氏一族，心多仁人孝子之心，事多仁人孝子之事。而皆知用力于本也。静升王家，为灵邑望族。振振绳绳，垂四百余年，积五百余户。而且人才辈出，士夫林立。故前人积德之厚，又岂不以代有令嗣，所以报其本者至哉。吾见君之族愈远而弥光，愈久而弥芳也。故不得以不文辞，而粗为之记。

榆关岁进士祁元善拜撰

乾隆岁次丙戌秋八月十六世孙贡生中极敬书

儒林郎先府君墓表

呜呼! 我府君殁后之十一年，为乾隆壬申。乃得以长孙中辉州同职貤赠儒林郎。而不孝梦鹏仅以诸生，谬举优行。亦以中辉职敕封儒林郎。越次年癸酉，始敢勒石以表府君之阡。呜呼! 古人立身行道，显亲扬名，震耀一时，遗芳百世。其所以上答罔极者为何如。而不孝青衿终老，长孙州佐微衔，亦何足报我府君之德于万一，又何足为我府君重顾念。府君昆仲四人，而不孝之躬，实为伯父所生。府君抚育教诲，以迄成立，不异己出。不孝虽稍效温清，罔敢有越子职。而显扬志阻，长深痛悼。兹能仰荷圣天子旷典追褒，锡以龙章，宠及泉壤，我府君自当衔恩地下，若以长孙州佐一命之阶，遂使府君之德，足以邀荣身后者，并为湮没，而不传，则不孝之罪，滋大矣。爰将所以表府君之阡者，具书于石。俾后世子孙，望丰碑之皎皎，而思府君与先妣翟太君厚泽贻谋如此。而乡人之过而抚松楸者，知为儒林郎王公之兆焉。则不孝区区之志也。至于府君讳字行谊。备详谱志，兹不具载云。不孝男梦鹏谨表。

大清乾隆癸酉季春吉旦

诰封儒林郎候铨州同知王公捐修两村傍道碑记

公讳梦鹏，字六翮，号无逸，因本村至马和村道路狭隘，又兼泥泞，往来行人甚觉不便。公慨然独立开修两村傍道，有地之家闻公尚义，俱各情愿施地，任公修筑，余等慕义急力监修。自本族宗祠起，至马和村西脚坡止，共□□□桥八道，暗石板五道，涧水暗渠四道。道宽八尺至一丈，道傍俱有石头跟脚，后人永远不得侵占。共费银一百两。公又念日久难免损坏，另出银二十两，存放生息，以为每年修补之费。因勒石，以志不忘。

生员王堂瓒记

候铨州同知王者楠书

大清乾隆十九年闰四月二十二日吉旦

诰封儒林郎候铨州同知王公捐修两村傍道碑记

作者简介：王堂瓒，清生员，静升王氏第十五世孙。王者楠，清候铨州同知，静升王氏十六世孙。

建设旗杆月台碑记

盖维世德庆云，仍建旐焕，光前之诸宗。功覃奕叶，营台宏裕。后之传喜，基业聿新。四面云霞归，栋宇奠神灵。有主万年日，月照榱题恭。维王氏彭城巨望，山右华门，世居静升，嗣裔繁多。或呈秀于天家，彬彬然应时之彦。或耀采于黉宫，郁郁乎当代之英。人羡稽古之荣，当知黼黻由于机柚。世卜流光之应，宜思醴泉本于故源。乃者裔孙堂瓒、生炜等，雨露难忘，尊祖弥切，建立旗杆。议经始而廓规模，创建月台，竭心思而鸠版筑。善继善述，咨鼎建于无射之月。肯构、肯堂占萃爻于乙丑之期，望云霄渐近，还从月窟有天梯。知鸟鼠攸除，应照人龙开虎榜。兹者筑成既落，勒石不朽。伏愿主荫灵，长宗祊，赫奕千家乐。允食旧德，而佩先型，万代衣冠。踵前猷，而增令望，行见英贤。接武凤麟，动太史之星占，勋绩传芳彝鼎，勒皇朝之月吉矣。是为序。

原任直隶忻州儒学正堂补选平阳府霍州儒学学正乙卯科举人候选知县陈辉顿首拜撰

诰封儒林郎候铨州同知优生十五世孙梦鹏沐手书

乾隆二十年岁次乙亥五月端阳日吉旦

敕封儒林郎晋赠中宪大夫行优生十五世孙讳梦鹏字六翮号无逸捐资备赈碑

经理人：监生肇藩、四扬、清泰、澍芝……

时乾隆二十二年岁次丁丑秋九月十五日阖户公立

（碑阴）

祠堂捐助义资碑记

　吾族迁于静升四百余年矣。荷上天之佑，承祖宗之荫，子孙且千余人。虽未能鹏飞凤起，立致显扬。然勤约者类能永保先业。其次时值丰收，家有盖藏，亦足赡其室家，不致困敝。若夫远条蕃衍，勤惰不齐，天时惰伏，丰欠难测，则啼饥号寒，颠连无告者复不免焉。夫敦本睦族，仁人之盛心也；虑灾防患，智士之远计也。吾家六翮公，为是乡直谅多闻之士，平昔以尊祖合族为己任，弥留之际嘱其子中辉，以三百金贮宗祠。且曰："此时，吾族人固无需此，然先时生息，使有余资，倘遇歉岁，以息济之，而毋耗其本，则族人之贫乏者，可以

敕封儒林郎晋赠中宪大夫行优生十五世孙梦鹏字六翮号无逸捐资备赈碑（拓片）

祠堂捐助义资碑记（拓片）

永赖。"中辉奉命惟谨。呜呼，伟哉！昔范忠宣自江东还，文正问见故人否？忠宣曰："石曼卿三丧未殡"。文正谓："何不以麦舟赠之"？忠宣曰："已付之矣"。是父是子，洵足千古矣。今公于未雨之时，为绸缪之计。其子中辉受命无难色，此与范氏父子异事而同揆者也。且将使族人闻之，勤约者，逾知永保先业，其次亦知感奋振作，为经营之谋。即或偶遇荒歉，有需于赈恤者，亦得藉以为后日振兴之地，则凡我族人，可以永无困敝而虽歉犹丰矣。然则受公赈者，固沐公之德，即不需公赈者，亦仰公之义而共相砥砺，以期昌炽于未艾，则公之所贻乃更远也。吾恐族人不知公之志，且失于自省也。是为记。

大清乾隆二十二年秋九月重阳后五日吉旦

邑庠生员堂瓒熏沐拜记

侯铨州同者楠熏沐手书

208

合户公议不许寄葬老幼妇碑记

闻之敬天法祖，礼垂明训。载籍昭然，罔敢陨越。先年族长正居、之乐、衍秀、辉祚、寅德等，公议王氏族繁，坟地狭隘。幼年少妇禁止占穴。此固为祖茔留余地，为后世计久长也。先人之训备矣。但族间有借老妇原葬等语，始葬于斯，后复起焉。渐坏祖茔余地，其弊亦与葬幼妇等，殊属不合。今在祠堂，同主家甲头合户公议，即有老妇，非随夫合葬之时，亦不得寄葬于祖茔之内。如有违议，葬老妇于祖茔内者，罚银五十两，合户公用。倘有不遵罚束，合户禀官究治，不得宽宥。因此刻石记事，永著成规，非好劳也。亦垂明祖训，于千秋不朽云尔。

敬斋中极书丹

乾隆二十九年十月初一日吉立

祠堂捐资护族碑记

尧典曰："克明俊德，以亲九族。"孟子曰："亲亲而仁民。"自古圣贤施恩惠，广德意，未有不自族党始者。晚近风气浸薄，充裕之家率好虚语。偶一秃丁踵门，或言某处建立神祠，某处增修古刹，不惜数十累百，以造大誉。及遇亲族中孤寒可怜者类，反眼如不相识，甚且訾辱笑署，令其人益难自立。而彼方外不法之徒，藉此厚资，酿为稔恶之具。每设醮起会，辐辏多人，男妇杂出，以致颓坏风俗，深可痛也。余于乾隆丁卯年，设教灵邑之静升村。闻王氏族人，时称有帝臣公者，家素丰裕，而公赋性敦朴，不爱浮名。及居久之，考公之行，果不类寻常。平日专意周急济贫，族人沾其惠泽屡矣。居且深念，恐再世之后，人不得时沐恩施。积聚囊金四百，纳之宗祠。又恐子孙不能尽体其意，并令族人掌领。平居则资生利息，以备不虞。有急则随时赈给，以赡孤贫。呜呼!以公慷慨乐施，既非人所及，而又深谋远虑若此。此真所谓，立爱自亲，施实德于无穷者。岂如近世修祠建塔，徒博虚誉之伦哉?至年来频遭凶馑，二十五年春，乃占有年。而族人贫者困遁已久，耕耨无资，几为束手。董事者即以公所纳之资，费百十余金，遍给籽种。岁则大获，而王氏一宗，因皆享盈宁之乐焉。一时受公赐者，咸议勒石祠前，以志不忘，而事不能遽举。今越数载，受赐者屡促，族人志在必举。而族人请记于余。余亦久居公之乡，而饫闻公之德，思欲表扬其美，以为好善者劝也。因述其始末。而为之记。

乙酉科拔贡生定阳马政顿首拜撰

贡生中极沐手敬书

乾隆三十年岁次乙酉夏四月十五日谷旦

作者简介：马政，清拔贡生，山西介休人，曾设馆于灵石静升村，株守十数年。

静升村增修眼光菩萨庙碑记

唐《六典》有萨宝府，掌胡神祠，菩萨之名传自昔矣。考之佛书，菩提萨埵言"觉有情也"，从简称菩萨，有异名，无异神也。

静升村有三大士殿，今名眼光菩萨庙，是眼光之为灵昭昭也。顾观里人瞻拜之时，敬眼光亦必敬观音，敬白衣亦如敬眼光，则谓之三大士殿也。溯庙创建之始，世远年湮，无可考据，所留者特二三重修碑碣耳。众纠首属予为记，何记乎，尔曰：今日之增修而记之也。增修者何？前此以创其规，而今更踵事而加之也。按其制，前修水洞八丈，使沟壑之水有所约束。然后因其基址，延其垣墉，东西壮如屏立。又以旧日庙门委曲向西，规模卑斜，随改大门于正南，上与正殿相对砌。院长八丈，宽二丈有余，植柏树数株，以花卉昭其文也。循阶而上，上竖石坊一座，所以壮观瞻也。遇此则仍以旧规。至正殿之西北角，又修水洞八丈，与角相通。另建窑院一所，以为献戏时公会下榻之地。

美哉！庙之规为备也。工将成，予从外远望，高高下下，逶逶迤迤，如入桃源洞中胜境也。渐引不令人一览而尽，是亦村中巨观也。其工费之资，赖眼光菩萨之灵，潜驱默化，积二十余年，约有千金，以此能成其事。至□□画周详，朝夕监视不懈，则纠首诸君子之力也。工起于仲春之中，事竣于仲秋之末。是为记。

大清乾隆三十七年岁在壬辰仲秋之吉

恩科举人古仪刘敬业薰沐拜撰

貢生王中极薰沐敬书

香老：监生王裕金、监生王巍、监生阎士达、监生王晏、监生曹尔达、监生耿有生、监生王如泽。

经理纠首：监生王清喜、监生王者模、监生王森荣、监生王淮量、监生王学山、监生王学成、监生王森椿、贡生王中极。

增置茔地碑记

尝闻善始者，必善终。有作者，必有述。吾族自鼻祖诚斋公迁于静升者，二十余世。而祔葬于村北鸣凤原祖茔者亦二十余世。祖孙父子，精魄相依，昭穆位次，秩然不紊，可谓甚善。然历世久远，葬者多，而地已隘，虽欲再葬，几乱行列矣。夫吾族祔葬于斯，能四百年之久者，实赖捐资置地，代不乏人。故能扩充茔域，使死者之葬于一茔，不啻生者之聚于一堂焉。此不可谓非仁孝之思也。岁在癸巳、十七世永龄，十八世肯学，经理祀事，敬省松楸。见夫丛冢累累，墓田日隘，若不为增置茔地之计，则无论葬所之有无，且何以使祖孙父子，精魄相依，昭穆位次，秩然不紊乎？于是归而谋于族中之贤而有力者，不特不以为迂，抑且踊跃恐后，辗转相劝，共捐九百余金，买傍茔地六十余亩。俾新葬者，有所托。旧葬者，无所损，而死者之葬于一茔，真不啻生者之聚于一堂也。谁谓后人之

增置茔地碑记（拓片）

211

继起不若前人之创始乎?韩子曰"莫为之前，虽美弗彰，莫为之后，虽盛弗传"，信矣。事既竣，求记于余，余畅然曰："此诚吾族始终作述之善事也。"以前人仁孝之思，而后人之贤，足以承继于不坠。此亦祖宗之灵实式凭焉，非偶然也。然余窃有遐思焉，盖有限者地，无穷者子孙。况吾族食指以万计，子既生孙，孙复生子，愈久而愈无穷，而地之待葬者有限，以有限待无穷，吾恐旋踵，而地复不足以葬也。是不得不望于后人之贤而有力者。是为记。

十六世裔孙监生蕙薰沐瑾撰
十六世裔孙贡生中极沐手敬书
乾隆三十九年岁次甲午嘉平月十五日吉旦

增置坟地公议禁约碑记

吾族自鼻祖诚斋公，从本邑西南乡沟营河底村，于元皇庆年间，迁居于静升村，至今四百余年矣。而卜葬于村北之鸣凤原，亦四百余年矣。前辈祖公，因族繁地少，置买数次，约有三百余亩，历年以来皆已葬讫。第念有力者，固不足虑。无力者，竟为束手。若不再为图，维有负先人厚意。因合族公议，捐资九百余金，置祖茔旁地六十余亩。庶得父子相依，祖孙相顾，真联宗收族之胜事也。事既竣，捐资之多寡，地亩之界限，已勒石于祠内矣。又恐日久殡葬无纪，致起争端，议立禁约书记于后。世世遵守，相继勿怠，以是为望。

十六世裔孙贡生中极谨记并书

一议旧买坟地，并新置坟地，纳粮甚多。数十年之后，将地葬尽，租子无出。粮钱拖累，不可不慎。议定：将户内公存银，拨出一百两。所收租子，折成银两，亦归此项。务要积至一百五十两为止，以为日后无地有粮之备。户内纵有公事，此银不可动用。且公事虽大，可较之官粮犹轻。定要依议而行，不可忽略，以贻后累。

一议埋葬按地之层次，从下而上。下层东西地内葬完，然后许在上层东西地内埋葬。不得听信风鉴择地之善恶，越地而行。

一议老妇少妇亡故者，仍照旧例，在幼妇坟地内埋葬，不得违例而行。

一议埋葬之家点穴，不得故意拥挤相挨而行。墓冢左右许留空地四五尺，正面许留空地八九尺。一以防穿塌之患，一以备立碑之地。

一议男人先葬，女人尚存。数十年之后，女人既没。墓冢周围葬墓甚多，墓内地方窄狭，不能合葬者，许请主家甲头验明。如果墓内窄狭，许在新置地内依次而葬，不得借端私自迁移。

一议让地之家，许本家地内点一穴。有子孙年过五十岁者，再许点一穴，外不得再用。

一议祠堂内，有旧存银八九百两。倘有公事不可用尽，定要存本银五百两。将每年所得利息，并连铺面房租银两，以为唱戏修道之费。外项不得动用。

以上七条，合族务须遵守，不得越议而行。如不遵者，合族禀官究治。

乾隆三十九年岁次甲午十一月初一日吉立

创建石坊月台栏杆神龛碑记

昔贤谓人性本善，有以感之，则油然动焉。而吾谓宗祖睦族之际，为尤甚，此非待于驱迫也。发于不自知，动于不容已。盖其天性之亲，一本之爱，自有不可假托，而强饰者。静升王氏为竹林大族。旧有宗祠，享殿廊庑规模肃然，亦云备矣。顾论者，或以祠宇辽廓，洞开重门，则堂室之事毕现，殊未尽规制之善。且神龛朴陋，并不足以肃裎祀之观，是皆妥侑先灵之缺典也。而王氏中，有与可太学，讳中权者，踊跃曰："此吾父兄意也，吾当继其志。"于是鸠工庀材，建石坊于甬道之中。复有升庵司马，讳中堂者，曰："吾当为月台石廊。"又有子敏司幕，讳肯学者，曰："吾当增修神龛。"不日，而二事与石坊皆成。呜呼，壮哉!夫三先生，固竹林翘楚也。此三事亦自尽尊祖之职耳。何足为先生辈异，而吾独悲。夫流俗之偷也，庭帏有乖忤之变，同室著操戈之异，彼与生者而既薄矣。又安望其于死者，而能厚哉。三先生之事死，可谓如事生矣。则其于生者之敦厚有礼，可知也。然非论者有缺典之说，则亦无由感发如是速焉。此岂假托而强为者乎？呜呼！观乎此者，当恍然于人性之本善，而仁孝之念，油然以兴矣乎。

十六世裔孙太学生讳中权字与可，偕侄监生学山，长男监生学成，次男监生学文，遵遗命创建石坊一座，共施银一百七十两零三钱五分。

十六世裔孙候选州同知讳中堂字升庵，偕三弟候选部主事中行，四弟候选布政司埋问中立，侄贡生汝为，创建石栏杆并重修月台，共施银一百一十六两零八分。

十八世裔孙候选

创建石坊月台栏杆神龛碑记（拓片）

布政司理问讳肯学字子敏，偕侄监生乃让、乃谦，男金声，演浴暖阁，创建木天挂檐匾额，共使银七十五两。

庚寅科恩贡生候选儒学教谕霍郡郭维藩拜撰
十六世裔孙贡生中极敬书
乾隆四十一年岁次丙申嘉平月吉旦

王氏义冢碑记

碑正：

大清乾隆四十五年岁次庚子十月廿五日吉立

男女义冢

静升村公立

碑阴：

静升村贡生王中极遵父敕封儒林郎晋赠中宪大夫、行优生王公讳梦鹏，号无逸公遗命；兄诰赠中宪大夫、乡饮大宾、候选州同加五级王公讳中辉，号敦素……创建义冢,本村境地恢宏，人烟辐泽，远方就食图养者不乏劳，不及……村外通通衢，往来行人践踏，已足伤怀。况复坑宨不堪，深未损坏，暴尸也。中极公感慨，欣然意欲设立义冢，当弥留之日，事维未行，意犹甚切，乃遗命中极伯兄敦素公，令其必行复遗命中极公。中极公上承父兄之命，及及皇皇也。左设男冢，右立女冢，使各

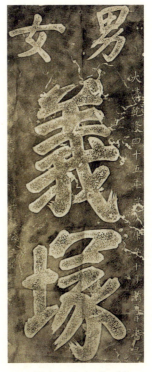

男女义冢碑（拓片）

得所宿遂克。以父兄之志者行欤休，绩承前徽，追伸孝恭之念，泽及枯骨以广功。而是役也，殁者怀其恩，生者感其善。一人之心，合万人之心后人，使知此义冢之所由来。

岁进士庚子科副榜候选教谕张国铭撰文

国子监太学生王梦吉书丹

大清乾隆四十五年岁次庚子十月二十五日吉旦

孝义王先生墓表

先生讳梦鹏，字六翮，竹林其号也。世为灵石县之静升村人，祖、父皆有隐德。先生生而纯厚，循循彬彬，洞洞属属，盖天性云。少时事所

生，视膳陈几，冬温夏清，王延之温被，黄香之扇枕，不是过也。十一岁，生父见背。二十岁，母氏殂谢。泣血沾襟，饭必祭，祭必诚。十五岁，为叔父后，以事所生者事之。色养俱能得其欢心，遇疾祝以身代，勤勤恳恳数十年如一日。至于丧葬尽礼，庐墓哀哭，行路咸兴感焉。及为诸生教授，乡里弟子成材者甚众。居恒，见义事而勇为，乐善行而不倦。葺梁补路，焚券赈饥，义学义冢之费俱出脯修。蔡氏所谓：非惟摭华，乃归寻根者也。乾隆丙子岁，先生殁，享寿七十七。越庚子，吾晋抚军喀大中丞举先生孝义，应圣天子旁求之诏，旋奉旨崇绰楔入乡祠，复以家嗣授职，晋赠中宪大夫。实至名归，修德获报信矣。配郑恭人、汪恭人，皆为贤内助，无出。曹恭人缉茂壸德，克相以孝，子四人，中辉、中起、中履、中极。孙九人，学海、文山、书山、凤山、尔勖、尔敏、尔勉、尔飔、尔勣。曾孙六人，德纯、德著、德兴、德音、德润、德峻，俱业儒。先生殁后廿余年，戚友怀思，爰树丰碑，用表景行。其辞曰：

于休先生，永世克孝。冰渊保身，屺岵同调。
先意承志，菽水欢悆。事生事继，愉色婉貌。
作皋鱼哭，为叔治悼。鸡骨礼备，以戎兼峤。
跃鲤家风，废蓼典要。真读书人，根本愢愢。
繁枝垂条，立本生道。善无不为，春和雪缟。
亦有孝子，不愧获报。庐列遗穀，上达朝庙。
潜德弥光，崇坊四照。鸟集月评，风衔丹诏。
来青手泽，以孝光耀，德津后人，奕叶是效。

中书科中书平阳徐昆撰书
大清乾隆四十六年岁在辛丑清明日立

作者简介：徐昆（1715—?），清代文学家、教育学家。字后山，号柳涯，别号啸山，柳涯居士。山西平阳（今临汾市）上村人，乾隆辛丑（1781年）科进士，曾任内阁中书舍人。著有《柳崖外编》《雨花台传奇》《中国近代戏曲史》，有乾隆二十八年（1763年）的自序。

中宪大夫耀环王公墓志铭

吉州葛正华撰（御史）

昔春秋，王子成父败狄有功，赐姓王氏，厥后世居太原，公固太原王也。迁于灵石年代远，而蔚为大族。曾大父讳炳然。大父讳正居，县学生。考讳梦鹏，县学生，以孝义著于时，生四子。公为长，讳中辉，字耀环，幼敦朴，侍左右有礼，虽婴孩已若成人。孝义翁授经书，能诵习不辍。冠童子试不利，于有司援例入太学。考职铨注州同知，累阶，授中宪大夫。曾大父以下皆赠如其官，前妣郑氏、汪氏、妣曹氏皆赠恭人。公治家早作夜思，井井有条理，务本节用。不为谿刻之行。友于诸弟，一堂聚处，怡怡无间言。于宗族，则承父志，预积蓄，以备荒。于乡党，则遵母命，贮盈余，以待赈。凡费金六百。乾隆己亥大旱，灵石为甚。公复出己资，偕同志者移粟相给，俾不匮乏，计前后不下千余金，慨然倾囊，无一毫顾惜意，远近称巨人长者。若夫孝乃庸行，处家庭之顺，无大异。而亲远则愈疏，春秋拜扫，高曾以上，竟有视同隔膜者。公祭必诚敬，穆然动宗祖之思，议建屋宇，营守护。力必己出，不与宗族分责，是亦足征内行之克副矣。自名利昏迷，大节弗顾，拥厚实者，又往往悭于赈施。以故，令长重之，舆论推之乡饮大宾，独举公以为劝也。公生于康熙四十四年八月二十三日，乾隆四十四年五月初八日卒，年七十有五。元配何氏，继配杨氏、汪氏、梁氏、冯氏、田氏，俱赠恭人。生子三，长文山，国子监生，梁氏出。次书山，增广生员，出继；三凤山，县学生，俱田氏出。孙男二，德纯、德音。孙女五，一适梁氏，余幼未字。以乾隆四十六年十一月二十二日，葬灵石鸣凤塬先人之兆次。元配何恭人以下祔焉。季子凤山以余之习于其乡也。戚然走京师，问铭于余。余谓王氏名族，君之先公又敦行不息，克绳祖武，是可铭也。铭曰：

维木有本，维水有源。惟先人之行，聿培厥根。克孝克义，昭示子孙。不敢怠逸，事亡如存允矣。君子古处，是敦是用，刻石以慰幽魂。

作者简介：葛正华，字彬若，号临溪，清山西吉州（今吉县）人。进士，授翰林院编修，改授湖广道监察御史，官至山东督粮道。

重修坟外西路记

尝思茔地之说其理详矣，言山水则有朝靠之美，观龙砂则审向背之情，而罗星宜于关锁，道路避其冲射。地理之垂训，于今为烈，所以古之仁人孝子，无不于此加意焉，而求其最宜谨饬者，则道路为尤甚。如王公祖茔自元至今，业已四百余年，尚皆同茔埋葬，而龙真穴得，诚大地也。但茔后后沟村，往来大道旧在茔地西墙外行走。奈岁深日久，渐而倾颓，往来者畏其崎岖，遂于茔内渐行小径，初则习焉，不察终乃竟成大路。其间踏塌墓冢，采折树枝等患，皆系行路之所致也。董事诸公目击心伤，公议仍行旧路。于乾隆五十一年七月望日，敦请后沟村温公讳海晏、孟公讳儒、孟公讳伟、孟公讳彪等，于坟内公所议及坟内行路之害，诸公等皆禀仁孝之心，无不慨然许诺。因言："贵茔，先人神灵所依，固不便行走，而旧道颓坏，亦恐难以往来。"董事诸公情愿修理旧道，自坡头起，至茔南止，俾旧路重新，茔路永去，庶先灵安妥，而坟亦得免冲塌之患矣。岂非墙茔之大幸乎！今工已告竣，嘱余记其事勒诸石，以垂不朽云。是为序。

重修坟外西路记（拓片）

218

特简江西九江卫督运守府加一级晋昌张龙光拜撰

诰授奉直大夫布政司经历加二级十六世裔孙中极敬书

乾隆五十二年八月吉旦

刻傅征君承颜堂额书记

介祠之后寝庙，介母像偕隐之志如生也。顺治三年春，青主先生来此，赋青松诗一章，书于西壁，即今所刻《霜红龛集》中句也。十五年，傅公重来，即所散诗第六句额其堂，曰承颜。岁久壁字残剥，好事者随意描补，三界之讹，不可复别。乾隆壬子冬月，奕绥与王氏约轩、正甫辈同过介林，松风满怀，不胜思古之意。因谓王君曰：征君德行文艺重于当代，额书苍严秀劲，洵墨宝也。岁久亦与壁诗同废，不有惭于笼纱者耶。约轩好古有素，乃求善镌者刻石垂久，一脔片羽足为此祠增重矣。约轩名中极，字会五，孝义王六翮先生之嗣，行谊书法，乔梓济美，盖一乡之望云。

乾隆壬子仲冬月，金坛虞亦绥春野式书于灵石官署。

作者简介：虞亦绥，举人，清金坛（今江苏金坛市）人，乾隆五十四年（1789 年）知灵石县事。

刻傅征君承颜堂额书记（拓片）

敦本堂规条

一、年至七十，有子幼弱或废疾不能奉养者，每月给钱六百文，冬给

……

一、年至六十，无妻无子，不能自谋衣食者，每月给钱六百文，年至

七……

一、年至六十，有子幼弱或废疾不能奉养者，冬三月每月给钱六百……

一、年至五十，无妻无子，不能自谋衣食者，冬三月每月给钱六百文……

一、寡妇无子，食无所依，情愿守节者，每月给钱六百文，年至七十加……

一、寡妇有子，幼弱不能自养，每月给钱六百文，子年至十八即……

敦本堂规条

一、寡妇之子，三岁以上，冬三月，春三月，每月给钱三百文，年至十五即……

一、孤子父母俱亡，无人抚育者，每月给钱六百文，年至十五即止，道……

一、家贫多子，均未成立，如五至十三岁者，除二子外，余子冬三月……

一、废疾不能自食其力，食无所依，每月给钱六百文，年至七十加棉……

一、父系单传，家贫，年至三十不能娶妻者，恐绝宗嗣，助银十二两，兄弟……

一、贫不能葬，五十以上者，殓银三两，葬银二两。五十以下者，殓……

嘉庆十五年火土两派立

220

孝义家祠祭田碑

尝思祖父有留贻，而后子孙有法守，亦必子孙慎于法守，而后见祖父之善，为留贻也。

孝义家祠创立于嘉庆初元，积年以来，置有祭田、房屋，除完秋粮外，用以充四时祭扫之资，不丰不啬，可告无缺。倘经理得宜，每岁中尚有赢余之积也。诗曰：无念尔祖，聿修厥德。又曰：明发不寐，有怀二人。凡为子孙者，宜各体此意，以慎守之，则幸甚。今将房屋地址界向，秋粮合数，一并开列于后，以志不忘。是为记。计开：

一、买到王政齐石坡底房院一处，东前半截王赓颂，东后半截至王琚，西至道，北至水道，南至道。价银四佰两，秋粮六升。此房改修本祠。

一、买到存恕堂恒贞堡西顶甲房院一处，东至王锡縠，西至王锡瑞，南至马道，北至王锡縠。价银四佰两，秋粮一升二合。

一、买到存恕堂南家磨头水坑北水地肆亩，南北畛内有水渠一道。东至棱，西至王沛，南至道，北至田克勤。价银柒拾两，秋粮壹斗贰升捌合。

一、买到王富谷上南龙头水地贰亩半，东至渠、王清来，西至王桂林，南至道、李源中，北至王臣恭。价银肆拾伍两，秋粮壹斗柒升伍合。

孝义家祠祭田碑

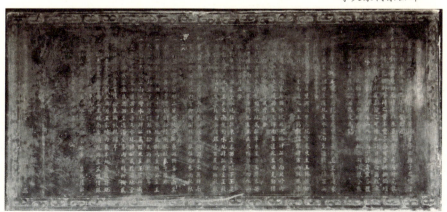

一、买到李源清西墓茔水地五亩，东至渠，西至棱下王庆安，南至王户，北至王户。又南龙头水地四亩，东至王殿元，西至王焕洛，南至渠，北至渠。价银壹佰贰拾两，秋粮柒斗贰升。

一、买到王兴德、王兴让小磨湾水地叁亩，东至河，西至宋万祥，南至河，北至王臣恭，内有柳树八株。价银伍拾叁两，秋粮贰斗。

一、买到王兴德、王兴让余家堰二甲水地肆亩，东西俱至渠，南至宋钟玉，北至存恕堂。价银捌拾陆两，秋粮三斗六升。

一、买到程叙钦大腰渠十四甲水地贰亩，东至堰，西至王聚星，南至渠，北至下河渠。价银伍拾贰两，秋粮一斗。

一、买到王蔚楠上南河湾水地四亩，二段，北至王家祥，南至王士杰，东至小道，西至渠。又水地四亩，二段滩地，一段，北至河，东至王臣忠，西至道，南至渠，内有柳树二十九株。价银壹佰六十五两，秋粮四斗。

一、买到李永盛，置到王兴源王家坟内东旱地三段，计地六亩，东至五斤子，西至王姓。南至沟，北至王姓。价银三十一两，秋粮一斗二升。

以上共房院二处，水地三十二亩半，旱地六亩，秋粮二石二斗柒升五合。

大清光绪三年七月十五日立

第三节　人物传略

益之王公传

榆关曹鉥撰（廪生）

王公讳谦受，字益之，赠中宪大夫。明川公之长子也。少有志，节授章句，颖异超拔，不屑一语寄人篱下。后以食指殷繁，贸迁燕齐间，身虽货殖，而制行雅，有儒者风。理家政同爨五十余年，寸丝尺布，未尝有偏，里人称之，以为得棣萼之芬芳，协凤鸾之毛羽也。且乐与士君子交，而士君子亦咸慕，行谊助自他山。夫家庭骨肉，交游酬酢，生人之大节

222

也，内外无愧若公者，岂非积之有本，而施之有序耶。余不及见公行事，而第就里人所称颂弗衰者，亦可著其梗概云。

逊之王公传

中州蒋荣昌撰（邑侯）

公王姓，讳谦让，字逊之，号默庵。崇祀孝义梦鹏先生之生父也。世居灵石县静升村，十五岁丧父，事母至孝，与兄弟相友爱。经理田园，不惮劳瘁。待亲朋族党，克尽其道。沉静寡言，好读书，务求心得。教弟并子侄辈，篝灯课读，鼓励弗辍，后皆蜚声庠序。而公屡试不售，年未四十而殁，论者咸悼惜焉。生子二，长梦麟，邑庠生；次即梦鹏，出为季叔星拱公后。俱有声闻。所谓天道报施，不于其身，必于其子者，于公尤信。柳子厚云：贾谊以经术起，而嘉最好学。卢植以儒学用，而谌为祭法。后裔之书香似续，岂可忘其所自哉。

顺之王公传

桐城汪志伊撰（邑侯）

公讳谦和，字顺之，号直夫。性情磊落，举止端庄。多与燕齐间豪俊交游，义气为重。好读书，领略大旨。教弟与子侄务实学，皆能蜚声胶庠。曾客保阳，闻伯兄在籍患病，即兼程旋里，躬亲医治，恪尽弟道，家训悉遵朱子，内外大小，法肃辞严。同爨数十年无私议。与宗族乡党处，然若不欺。遇颠连困苦，即慷慨乐施。噫！立行若此，是为古君子。

作者简介：汪志伊，清安徽桐城人，举人，乾隆四十七年（1782 年）知灵石县事。

星拱王公传

中州蒋荣昌撰（邑侯）

公王姓，讳正居，字星拱，号无为，世为灵石静升村人，崇祀孝义梦鹏先生之继父也。同怀兄弟四人，公居季，伯氏叔氏经商直隶，公与仲兄逊之公耕读里门。逊之公物故，家事纷沓，遂以青衿终其身。少失怙，事母能得欢心。兄弟叔侄同居五十余年，咸无异志。处亲族乡党，温厚和平，人多称之。至于急公好义，尤其天性云。享寿八十七岁。语曰"仁者寿"，公足以当之矣。

六翮王公传

吴桥祝德全撰（太史）

王公讳梦鹏，字六翮，居山右灵石之东作里，纯孝人也。当孩提时，每一笑言，能得父母欢。长失怙恃，为孺子哀，每饭必祭，皋鱼之痛，行人闻之，有泣下者。年十五，以昭穆为叔后，事继父母益恭。虽继父母，亦忘其为犹子也。父母有疾，乞以身代，左右奉养，皆以寿终。殁后，丧葬尽礼，筑庐墓旁，必哀必敬，无异所生，其纯孝如此。生平嗜翰墨，能文章，有名于庠，为督学使者所重，以优行旌其门。读书该洽，为经师，成就弟子甚众。得暇，则临池学书，深得二王之法，来青山馆藏翰，其真迹也。性情慷慨，有古君子风。乡党之中，称先生而不名。有纷争者，得片言立解。至如设义冢、置义学、焚遗券、建桥梁，凡力可勉为，无弗为也。孝义之行，孚于族党，至今乡人道其行谊勿衰。乾隆四十五年，大吏闻诸朝，奉敕旌表，入祀乡祠。公子中极，绩学慕古，不坠先人之业。积善者余庆，王氏宜有以昌其后矣。

赞曰：匹夫为善于乡，闻其德，而善良者几千人。使天下各郡县，皆有如王公其人者，吾知闻风慕义，遍于闾里，天下各郡县吏皆可从容而理矣！然则王公之学行卓卓，足以型家励俗，虽居高爵、膺重禄，其有济于时者，亦无以加于此也，又何必以及身之遇，不遇，为得失哉！

作者简介：祝德全，清诗人。字葆初，号午桥，直隶（今属河北）吴桥县人，乾隆四十六年辛丑（1781年）科进士。授翰林院庶吉士。任山西文水县知县，升汾州府同知。著有《葆初诗草》。

耀环王公传

禹都罗洁撰（拔贡）

公姓王氏，讳中辉，字耀环，号敦素，孝义六翮公之长子也。世居灵石静升村。性淳厚，好读书，事亲承颜，曲尽子道。族党有婚丧不赡者，周给之，无吝色。岁歉捐金赈饥，全活无算。建宅院于祖茔外，置人防守，独力输资。阖族嘉之，匾其门曰："宗族保障"。人谓孝义之后，复有孝义，不其然乎。至于友群，季睦乡邻，教子诗书，治家勤俭。厥后，乡饮大宾之荐，恩例中宪之阶。殆不愧云。

第四节　跋赞诗文

跋

来青山馆藏翰跋

大兴翁方纲撰书（宫詹）

此六翮先生遗墨，令子勒石，以永其传。先生德重乡党，初未尝以书显，晚岁性耽澹泊，而书法亦极平淡高逸，无烟火气。即偶临古帖，亦间出己意，超越闲静，如其为人。自是书家上乘，绝去近代蹊径远矣。正不当以疏野目之。

作者简介：翁方纲（1733—1818），清书法家、文学家、金石学家。字正三，一字忠叙，号覃溪，晚号苏斋，直隶大兴（今属北京市）人。乾隆十七年（1752年）进士，官至内阁学士。精通金石、谱录、书画、词章之学，著有《粤东金石略》《苏米斋兰亭考》《复初斋诗文集》等。

六翮先生孝义录跋

阳湖庄通敏撰（编修）

孝义王公，高行可风，得午桥太史之作。声施益著，读之令人起敬。令子中极，能守家法，志切显扬，既请文章巨公立传，又辑其生平翰墨，勒之贞石。以传永久孝思，亦足嘉尚也已。

作者简介：庄通敏（1738-1810），清江苏武进（今属常州市）人，原名逢恩，字斋辰、亭叔，号迂甫，别号澹迁。乾隆三十七（1772 年）进士。为翰林院庶吉士，授编修，升左春坊中允，历充文渊阁校理，三通馆纂修，四库馆分校，国史馆纂修，乾隆四十二年（1777 年）、乾隆四十四年（1779 年）、乾隆五十三年（1788 年）顺天同考官。并参与了《四库全书》的编纂。工诗能文。著有《澹香斋诗集》《双鹤轩唱和诗稿》。

法式善题跋

唐文皇制圣教序，怀仁集右军书勒石，书苑称之，后世号其书为院体。唐吴通微已有是说，状其神妙，历久不磨。近传墨迹藏项子京家，后归武陵杨氏。当时集字上石，真迹安存？自是摹本也。山右竹林居士王先生，性笃学、醇内行、称于乡，故其翰墨和平安易，不染尘俗。昔人谓温公通鉴草稿，字字庄重；介甫则必于匆迫时作书；观鲁公帖令人生畏，吴兴帖令人生玩；人品心术间不能掩饰，有如斯者！此帖为先生摹本，内劲外腴，不失晋人遗法。学者苟能虔奉一编，不独游艺有资，将孝友之心，日油油然于行习间，岂非书教也哉！

嘉庆二年丁巳诗龛居士法式善敬跋

作者简介：法式善（1753—1813），字开文，号时帆，又号梧门。乌尔济氏，蒙古正黄旗人。清著名诗人、学者，官至国子监祭酒。工诗，有《存素堂诗初集》24 卷及《续集》《诗稿》。另有笔记《槐厅载笔》《陶庐杂录》《清秘述闻》等。

赞

来青山馆藏翰赞

新建曹秀先撰书（礼部尚书）

竹林王君，居家尽孝。励志绩学，敦善行不怠。其所课生徒，经其指授，皆成材。不慕荣利，以诸生终。盖艺林中有品之人也。生平好临池，所书深得古人法。藏之巾箧，不以自炫。今令子汇而刻之。夫书为心画，心正者笔端，宜可嘉尚也已。

作者简介：曹秀先（1708—1784），字恒听，又字芝田、冰持，号地山，清江西南昌新建县人。翰林，政治人物，文学家，书法家。为官清廉，人称"诚敬勤慎"。为《四库全书》馆总裁，书法取法钟、王，自成一家。

来青山馆藏翰赞

太原张彦撰（廪生）

窃闻：灵邑竹林王老先生品行端严，居乡以孝义称，尤善书法，寝食于古人名帖数十载，时深景仰之怀，以不得亲炙门墙为憾。乙巳春，于友人近光孙兄处，得见来青山馆藏翰，笔意高古，绰有魏晋人风骨，信可宝也。爱不忍释。乞揣归正襟危坐，捧阅久之，肃然起敬。谓虽不获新承道范，犹幸睹其遗迹，稍慰景仰之私。夫德行本也，文艺末也。以翁之孝义卓行，既名扬帝廷。旌入乡祠。区区书翰，似不足为翁重。然古人书法，每肖其人，如颜鲁公秉忠义之性，故其笔力沉重奇伟秀拔；柳公权论笔法，谓心正则笔正，世称柳骨颜筋，非尽人力，实根至性。翁之书法，严正之气见于笔端，其颜鲁之嗣欤。

来青山馆藏翰赞

本邑何思钧撰（检讨）

先生孝义，闾巷钦服，朝廷褒嘉，固不必以字传也。而先生临池之功，数十年如一日，用笔雄健，结构谨严。一皆取法于古，而毫无习俗态。传之奕祀，实堪不朽。谚有云：字以人传。先生之人既足传，而先生之字又可宝。噫！相得而益彰矣。

作者简介：何思钧（1736—1811），字季甄，号双溪，清山西省灵石县两渡村人。乾隆乙未（1775年）科三甲八十四名进士，授庶吉士，充武英殿纂修，参与编纂《四库全书》，由分校官升任缮书处总校官。何思钧去世后，姚鼐作《何季甄家传》，收入《惜抱轩文集》中。

227

诗

挽六翮先生诗

会稽周长发撰（学士）

使辂曾陟介山颠，闻道清标在辋川。
此日谁扶灵寿杖，当时欲著祖生鞭。
指困不惜周宗党，插架惟耽聚简编。
讵料少微星骤陨，黄垆过处一潸然。

竹林王公孝义诗

诸城刘墉撰（协揆）

遥瞻槐里钦耆宿，评重乡邦月旦同。
志节独垂千古后，操持只在五伦中。
骑鲸直上青琳馆，化鹤闲游紫石宫。
争羡天章荣处士，馨香至德永褒崇。

作者简介：刘墉（1719—1804），字崇如，号石庵，清书法家。山东诸城人。乾隆十六年（1751年）进士，历任翰林院庶吉士、太原府知府、江宁府知府、内阁学士、体仁阁大学士等职，以奉公守法、清正廉洁闻名于世。其书法造诣深厚，是清代著名的帖学大家，被世人称为"浓墨宰相"。逝后追赠太子太保，谥号文清。

竹林王公孝义诗

南昌彭元瑞撰（礼部尚书）

君子贵务本，百行乃有源。

至性发高义，身世皆春温。

内报所生德，外联胞与恩。

形声肃视听，饥寒济饔飧。

高堂志能养，宗族谊亦敦。

下逮流离子，拯急达荒村。

苟有益于家，独劳无德言。

苟有利于乡，无事不注存。

九重嘉令望，特旌孝义门。

歌诗美邦彦，仁风流太原。

作者简介：彭元瑞（1731—1803），字掌仍，一字辑五，号芸楣，江西南昌人。清代大臣、学者，楹联名家。乾隆二十二年（1757 年）进士，改庶吉士，授编修，官至工部尚书，协办大学士。曾任《四库全书》副总裁。

竹林王公孝义诗

光山胡季堂撰（刑部尚书）

儒修争说竹林翁，籍甚贤声族党中。

诣媲太邱传令范，品侔万石表清风。

庭前露浥芳兰种，陔畔云深孝笋丛。

真是一门多善事，百年垂裕更无穷。

竹林王公孝义诗

武进刘跃云撰（礼部侍郎）

至行不求显，没世名益光。

为善不期报，获报固有常。

灵石有王公，孝义传芬芳。

其孝非奇节，就养原无方。

失怙后其叔，爱日心与长。

逮事能竭力，殁则善居丧。

见义为独勇，蹈仁恒不遑。

累累者义冢，彬彬者党庠。

徒观所经画，固已善一乡。

大吏上其事，旌典何煌煌。

表闾崇绰楔，今日门有坊。

荐馨设俎豆，今日祠有堂。

里人为叹息，积善宜余庆。

况复有贤子，笃孝思表扬。

手泽且弗遗，一一镌琳琅。

勖哉世其德，惠时保蒸尝。

作者简介：刘跃云（1737—1808），字伏先，又字服先，号青垣，清江苏武进（今属常州市）人。清翰林，学者。乾隆丙戌（1766 年）科探花，官至兵部侍郎。

竹林王公孝义诗

汾阳曹学闵撰（宗人府丞）

圣人著孝经，子道期无负。

爰推锡类心，功业垂不朽。

王君秉至性，乡里誉交口。

南陔与白华，那用章句守。

当其肫诚发，近代未之有。

真心浃弟昆，懿行兼师友。

平生精艺能，书法尤推首。

请看石楬文，下笔未曾苟。

230

粤自书契开，篆隶沿蝌蚪。

一变为真行，临池辨妍丑。

在晋法二王，在唐学颜柳。

自宋以迄明，孰敢弃弊帚。

我朝文运昌，妙手空前后。

先生精结撰，讵能掣其肘。

洒洒数千言，卓卓文章薮。

因思至性充，流光缘积厚。

三复有余情，珍藏等琼玖。

作者简介：曹学闵（1720—1788），字孝如，号慕堂，清山西汾阳县（今汾阳市）太平村人。乾隆十九年（1754 年）进士，曾任翰林院庶吉士、河南道御史、吏科掌事中、鸿胪寺少卿、内阁侍读学士。曾修山右三忠祠、三晋会馆等。著有《紫云山房诗文稿》。

竹林王公孝义诗

阳曲李永祺撰（福建观察）

其一

绵上曾荧处士星，廿年孝义重来青。
善人终荷旌扬典，况复千秋俎豆馨。

其二

乡评国典重贤踪，冀北川南切景从。
正似当年黄宪传，汪洋闻自郭林宗。

竹林王公孝义诗

桐城汪志伊撰（邑侯）

忠义高千古，孝尤百行先。

茸祠烝俎豆，妥侑历朝贤。

钦哉仰曩哲，近孰能比肩。

卓彼竹林翁，脉脉道相延。

椿萱惊谢早，搔首问青天。

来酬恩罔极，悲深十五前。

阿新犹子也，孺慕倍肫然。

侍药吁身代，卢墓向三年。

仁亲真足宝，为人得本焉。

立社培士气，掩骼半分阡。

宽通复赈乏，慷慨掷金钱。

息争以化俗，无党而无偏。

不见古遗直，安知学守全。

存诚周茂叔，笔正柳公权。

富贵浮云外，怡情月满川。

令名非所逐，时亦与为缘。

黉宫蜚骏誉，诗礼是家传。

贻谋昌厥后，兰桂应绵绵。

猗欤潜德阐，胪列紫泥笺。

褒锡同华衮，殊荣及九泉。

馨香初入祠，择吉我告虔。

歆歟食报远，松桧起朝烟。

作者简介：汪志伊，清安徽桐城人，举人，乾隆四十七年（1782年）知灵石县事。

竹林王公孝义诗并跋

中州蒋荣昌（邑侯）

霍岳南峙汾水东，竹君之友琅琊翁。

白云如絮秋山空，慈鸟喔喔啼霜枫。

犹子为子义则同，终身孺慕垂无穷。

孝该百行达帝聪，丰碑兀立祠堂中。

□□□□□□□，其他硕德称更隆。

如木有干干有丛，力余一艺人所崇。

来青墨榻光熊熊，心正落笔无偏锋。

青箱家学承裘弓，荪孙梓子昌华宗。

我来作宰怀芳踪，惜哉未仰主璧躬。

何当比户追唐风，遍歌孝义诗雍雍。

　　余少读诗至，陟屺之章。辄缠绵悱恻，慨然于唐魏俗。古求孝子者，必于汾洳河曲之间。年来客长安，乐与晋之士大夫游。侧闻灵石有竹林王公者，心仪久之。丙午冬，承乏是邑。乃过公之里，拜公之祠，卒读碑志传述。盖朝廷旌之匪独间?荣也，嗣君会五兄，恪守家法。思所以光先人者，汇诸名公题赠为一卷。梓成出示，且征及余诗。余惟公之遗徽芳躅，藉藉人口，无俟余之表扬。然乡有名贤，宰斯土者，当举以善俗焉。喜成柏梁古风一章，以附邑乘之后。

　　时乾隆五十二年岁次丁未季冬，睢阳蒋荣昌并跋。

　　* 以上诗歌选自清乾隆五十五年存厚堂藏版《王氏族谱》。

竹林王公崇祀孝义祠（公工书法）

介休茹纶常（太学生）

光昭祀典著清誉，积善真看庆有余。

丛竹只今生孟笋，渊泉自昔涌江鱼。

非关市义才焚券，尚忆临池为学书。

见说石膏山下路，高风争仰郑公庐。

作者简介：茹纶常（1740—1800），清诗人。字文静，号容斋，一号簇蚕山樵，晚年自号漫叟，山西介休县（今介休市）义棠镇师屯北村人。乾隆间监生。诰授奉直大夫、布政司经历加二级。著有《茹容斋诗文全集》《容斋诗集》《容斋文钞》《容斋诗话》和《古香诗》。家中藏书甚丰，被列入清代编撰的《中国藏书家考略》。

＊选自清光绪元年版《灵石县志》。

王公年谱

1680 年 清康熙十九年庚申

农历十月初二日，第十五世王梦鹏出生于山西省平阳府灵石县（今属晋中市灵石）静升镇静升村拱秀巷内。生父王谦让，生母张氏。父亲为其取名"梦鹏"。

1681 年 清康熙二十年辛酉

2 岁，灵石静升。

1682 年 清康熙二十一年壬戌

3 岁，灵石静升。

1683 年 清康熙二十二年癸亥

4 岁，灵石静升。

1684 年 清康熙二十三年甲子

5 岁，随族祖父第十三世生员王攸宁在静升钟灵巷内的"向一斋"私塾接受启蒙教育。

1685 年 清康熙二十四年乙丑

6 岁，即"少时事所生，视膳陈几，冬温夏清，王延之温被，黄香之扇枕，不是过也"。

1686 年 清康熙二十五年丙寅

7 岁，幼"承庭训，朝夕以读书砥行为诚勉"。

1687 年 清康熙二十六年丁卯

8 岁，灵石静升。

1688 年 清康熙二十七年戊辰

9 岁，族祖父第十三世生员兼启蒙老师王攸宁历时 20 余载纂修起静升王氏家族首部《王氏族谱》。该谱直接影响了公为人做事的一生。"动务遵先世矩剃，慎毋弋取声誉"。

十月初一日，首次参加宗祠祭祖仪式。

1689 年 清康熙二十八年己巳

10 岁，灵石静升。

1690 年 清康熙二十九年庚午

11 岁，生父第十四世王谦让年未四十而"早逝"。公悲痛欲绝，每饭必祭。

1691 年 清康熙三十年辛未

12 岁，灵石静升。

1692 年 清康熙三十一年壬申

13 岁，灵石静升。数年来专心汲古于书，无所不读，即严寒酷暑，非三鼓不就寝。

1693 年 清康熙三十二年癸酉

14 岁，三叔第十四世监生、考授州同王谦和创建静升镇王公桥，灵石知县郎国祯赠匾"环桥伟望"。

1694 年 清康熙三十三年甲戌

15 岁，以昭穆承继四叔生员王正居为嗣子，"事继父母益恭，虽继父母亦忘其为犹子也"。

1695 年 清康熙三十四年乙亥

16 岁，养父王正居综核家务之余，殚力举子业，有声庠序。

1696 年 清康熙三十五年丙子

17 岁，养父王正居为公娶江南华亭县知县郑国翰之孙女、廪生郑连侨之女郑氏为元配。

1697 年 清康熙三十六年丁丑

18 岁，夏大旱成灾，随父辈或救灾济粮，或助修危房。

1698 年 清康熙三十七年戊寅

19 岁，元配郑氏先卒无出。继配王氏，系前明进士、兵部郎中、山东监军道王之祯曾孙女，增生王焜孙女，庠生王席琰女，

1699 年 清康熙三十八年己卯

20 岁，公取字六翮，号无逸，又号竹林。同年养母翟氏病故，丧葬尽礼，筑庐墓旁，必哀必敬，无异所生。

238

1700 年 清康熙三十九年庚辰

21 岁，灵石县学宫。补博士弟子员，屡试名列前茅，特举优行。

1701 年 清康熙四十年辛巳

22 岁，灵石县学宫。继配王氏亦卒，无出。又继配曹氏，庠生曹步云女。

1702 年 清康熙四十一年壬午

23 岁，生长女，灵石县学宫。

1703 年 清康熙四十二年癸未

24 岁，灵石县学宫。求学间"尤究心于濂洛关闽之说，以故作为帖括，理明法备"。"胶庠中交争羡焉"。

1704 年 清康熙四十三年甲申

25 岁，灵石静升，乃为诸生教授，"授经里中，远近从游者户外履常满"。公终身不倦，"乡里弟子成材者甚众"。

1705 年 清康熙四十四年乙酉

26 岁，八月二十三日，长子王中辉出生。

1706 年 清康熙四十五年丙戌

27 岁，灵石静升授经。

1707 年 清康熙四十六年丁亥

28 岁，生次子王中起。灵石静升授经。

1708 年 清康熙四十七年戊子

29 岁，灵石静升授经。

1709 年 清康熙四十八年己丑

30 岁，灵石静升授经。

1710 年 清康熙四十九年庚寅

31 岁，灵石静升授经。

1711 年 清康熙五十年辛卯

32 岁，灵石静升授经。

1712 年 清康熙五十一年壬辰

33 岁，生三子王中履。

1713 年 清康熙五十二年癸巳

34 岁，灵石静升授经。

1714 年 清康熙五十三年甲午

35 岁，父王正居助修静升村东到集广村交界处的路旁茶房。

1715 年 清康熙五十四年乙未

36 岁，生次女。

1716 年 清康熙五十五年丙申

37 岁，灵石静升授经。

1717 年 清康熙五十六年丁酉

38 岁，胞兄生员王梦麟参与出资创建王氏宗祠，同年王梦麟病殁。

1718 年 清康熙五十七年戊戌

39 岁，灵石静升授经。

1719 年 清康熙五十八年己亥

40 岁，三月初八日，生员第十三世王攸宁撰其父《王公大林墓碑记》，生员王梦鹏书丹。

八月中秋，乡贡士第十五世王一旦谨撰《创建祠堂并增置茔地碑》，生员王梦鹏谨书。

1720 年 清康熙五十九年庚子

41 岁，大学者傅山之孙、灵石县儒学教谕傅莲苏为优生王梦鹏立"品行兼优"牌匾。

1721 年 清康熙六十年辛丑

42 岁，前半年大旱，后半年秋涝，导致静升灾情严重，王梦鹏于族兄弟多次外出购粮，以裹百姓之腹，同时发放种子，以企来年收成。并请医生救治感染瘟疫的病人。

1722 年 清康熙六十一年壬寅

43 岁，正月，王梦鹏大伯第十四世王谦受应邀以京畿富绅的身份参加圣祖在乾清宫举行的千叟宴，并获御赐龙头拐杖。

1723 年 清雍正元年癸卯

44 岁，灵石静升授经。

1724 年　清雍正二年甲辰

45 岁，生四子王中极。

1725 年　清雍正三年乙巳

46 岁，灵石静升授经。

1726 年　清雍正四年丙午

47 岁，随父王正居助修静升村东社土地庙。

1727 年　清雍正五年丁未

48 岁，灵石静升授经。

1728 年　清雍正六年戊申

49 岁，六月二十八日，优生王梦鹏于王氏佳城重摹《静升村王氏源流碑记》元刻上石。

同年秋，王梦鹏又敬书祖茔大门石雕匾额"王氏佳城"。

1729 年　清雍正七年己酉

50 岁，四月立《新修祖茔墙垣碑记》于王氏佳城，王梦鹏撰书。

1730 年　清雍正八年庚戌

51 岁，灵石静升授经。

1731 年　清雍正九年辛亥

52 岁，灵石静升授经。

1732 年　清雍正十年壬子

53 岁，灵石静升授经。

1733 年　清雍正十一年癸丑

54 岁，三子儒士王中履"应童子试不售，愤而得疾，年二十一岁而殁"。

1734 年　清雍正十二年甲寅

55 岁，灵石静升授经。

1735 年　清雍正十三年乙卯

56 岁，灵石静升授经。

1736 年　清乾隆元年丙辰

57 岁，七月，立《王氏输资护族题名记》碑于王氏宗祠，由赐进士出身原任江南清吏司主事上谷房璋撰文，儒学生员王梦鹏书。

八月十二日，由督工纠首生员王正居、生员王堂璋、贡士王君贶、贡士王如璇恭记，王梦鹏书《饬防茔域碑记》于王氏佳城。

同年，王梦鹏与族人在村西关帝庙瓮门与尹方村交界处的五道庙东创建茶房一所，用以方便行人。

1737 年 清乾隆二年丁巳

58 岁，灵石静升授经。

1738 年 清乾隆三年戊午

59 岁，灵石静升授经。

1739 年 清乾隆四年己未

60 岁，王梦鹏和堂弟武庠生员王梦简支系创建恒贞堡于静升镇道左沟与肥家沟之山梁上，至乾隆五十八年（1793 年）方竣工。

1740 年 清乾隆五年庚申

61 岁，二子王中起"年三十二而殁"。

1741 年 清乾隆六年辛酉

62 岁，养父王正居殁，寿享 87 岁。时任知灵石县事中州蒋荣昌为之撰《星拱王公传》。

1742 年 清乾隆七年壬戌

63 岁，长子王中辉"冠童子试不利"，遂"于有司授例入大学"，是为国子监太学生。

1743 年 清乾隆八年癸亥

64 岁，灵石静升授经。

1744 年 清乾隆九年甲子

65 岁，灵石静升授经。

1745 年 清乾隆十年乙丑

66 岁，灵石静升授经。

1746 年 清乾隆十一年丙寅

67 岁，灵石静升授经。

1747 年 清乾隆十二年丁卯

68 岁，堂弟王梦简以候选州同加五级诰授中宪大夫，其父王谦受亦以子梦简而诰赠中宪大夫。

1748 年　清乾隆十三年戊辰

69 岁，灵石静升授经。

1749 年　清乾隆十四年己巳

70 岁，乡族以公善行多端，义举公孝行，请旌以为矜式。公力辞至再，其事遂寝，然颂声终不能已也。

1750 年　清乾隆十五年庚午

71 岁，灵石静升授经。

1751 年，清乾隆十六年辛未

72 岁，长子王中辉考职铨注州同知，诰授中宪大夫。

1752 年　清乾隆十七年壬申

73 岁，五月十九日，王梦鹏养父王正居以长孙王中辉候选州同职敕赠儒林郎，又以孙中辉州同加五级诰赠中宪大夫，配翟氏敕赠安人，诰赠恭人；王梦鹏亦以子王中辉候选州同敕封儒林郎，配郑氏、王氏，均敕赠安人。配曹氏，敕封安人。

1753 年　清乾隆十八年癸酉

74 岁，季春，王梦鹏谨表《儒林郎先府君墓表》于王氏佳城。

1754 年　清乾隆十九年甲戌

75 岁，三月，王梦鹏对康熙戊辰版《王氏族谱》进行了综核校订，节繁删冗，并令四子王中极抄录一册，以待详核订辑。并亲撰《重修王氏谱系序》。同时，又捐银设"启蒙义学"于村中，又捐银百两，将静升至马和的路面拓宽至八尺到一丈，继之又修石桥、暗板、水渠及修坝护坡等，工竣之日又恐日后修路无资，再捐银 20 两"子母环生"，放贷生息。

闰四月二十日，生员王堂瓒撰《诰封儒林郎候铨州同知王公捐修两村傍道碑记》，候铨州同知王者楠书。

冬，公患腹疾，欠成痢。

1755 年　清乾隆二十年乙亥

76 岁，五月端阳日，十八世王肯构、王肯堂勒石《建设旗杆月台记》

于王氏宗祠，由原任直隶忻州儒学正堂、补选平阳府霍州儒学学正、乙卯科举人、候选知县陈辉撰文，诰封儒林郎、候铨州同、优生王梦鹏书丹。

1756年 清乾隆二十一年丙子

77岁，正月痢愈。

五月初三日，王梦鹏谈笑而逝。国子监监丞孙扬淦从京城赶来吊唁，以"古之遗直"颜诸挽额。太史祝德全、中书徐昆、翰林院侍读学士周长发等为公撰写了《六翮王公传》《孝义王先生墓表》和填讳。

1757年 清乾隆二十二年丁丑

九月十五日，阖户公立《敕封儒林郎晋赠中宪大夫行优生十五世孙讳梦鹏字六翮号无逸捐资备赈碑》，并附《增置茔地碑记》。

1759年 清乾隆二十四年己卯

大旱，王梦鹏、王梦简的救灾基金纾困解难，购回粮种，发放于村民。

1779年 清乾隆四十四年己亥

王梦鹏以长子王中辉州同加五级诰赠中宪大夫，配郑氏、王氏、曹氏，均诰赠恭人。

五月初八日，诰授中宪大夫、乡饮大宾王中辉卒，享年75岁。禹都拔贡罗洁为之撰《耀环王公传》。

1780年 清乾隆四十五年庚子

九月初九日，山西巡抚喀大中丞将公之孝义之举具呈朝廷。

1781年 清乾隆四十六年辛丑

十二月初九日，奉敕旌表，崇祀忠义孝悌祠（在灵石县学宫西），牌位为"清诰赠中宪大夫邑庠优生王梦鹏之位"。

1784年 清乾隆四十九年甲辰

五月，公之四子王中极奉旨为晋赠中宪大夫、优行生员王梦鹏建"孝义"坊，于王氏宗祠东路北，由清代著名书法家、金石学家、内阁学士翁方纲题额"孝义"。

1785年 清乾隆五十年乙巳

圣驾临雍，蒙赐贡生、布政习经历加二级、诰授奉直大夫、乡饮大宾王中极黄褂一件，银牌一面。

1786 年　清乾隆五十一年丙午

孝义坊落成。

1790 年　清乾隆五十五年庚戌

王梦鹏四子王中极完成《王氏族谱》续修工程，了却了其父王梦鹏的遗愿。

1796 年　清嘉庆元年丙辰

正月初四，王梦鹏四子布政司经历、中宪大夫王中极参加仁宗在紫禁城宁寿宫皇极殿举行的千叟宴。

同年，孝义祠竣工。

1998 年

8 月 18 日，由王梦鹏支系创建的恒贞堡建筑群正式对外开放。

9 月 27 日，孝义祠剪彩开放，来自新加坡、马来西亚、菲律宾、印度尼西亚，以及我国香港、台湾等地的王氏宗亲代表团 400 余人在孝义祠敬香。

2003 年

1 月 15 日，孝义祠被列为晋中市文物保护单位。

2006 年

5 月 25 日，王家大院（包括恒贞堡和视履堡）和孝义祠被国务院列为"全国重点文物保护单位"。

12 月 15 日，王家大院被建设部和国家文物局列入《中国世界文化遗产预备名单》。

参考文献

王中极纂修:《王氏族谱》,清乾隆五十五年(1790年)存厚堂藏版。

王志瀜纂修:《灵石县志》,清嘉庆二十二年(1817年)本衙藏版。

王臣恭、王臣忠纂修:《王氏族谱》,清咸丰四年(1854年)版。

曾国荃监修,王轩、杨笃纂修:《山西通志》,清光绪十八年(1892年)版。

王俊英、王俊义纂修:《王氏族谱要览》,民国二十二年(1933年)版。

李凯朋监修,耿步蟾纂修:《灵石县志》,民国二十三年(1934年)版。

宁可主编:《中华五千年纪事本末》,北京:人民出版社,1996年版。

张正明著:《晋商兴衰史》,太原:山西古籍出版社,2001年版。

侯廷亮、张佰仟、温暖(执笔)编著;《三晋揽胜·王家大院》,太原:山西人民出版社,2003年版。

王金钉、王儒杰、张佰仟(执笔)编著:《静升史海钩沉》,北京:东方出版社,2006年版。

仇晓风著:《三晋古民居建筑新论》,太原:三晋出版社,2009年版。

侯廷亮主编:《王家大院志》,太原:山西经济出版社,2009年版。

侯廷亮主编:《王家大院·静升文庙·资寿寺碑文汇编》,太原:山西经济出版社,2009年版。

王儒杰、王金钉、王铁喜编著:《王氏族谱》,太原:山西经济出版社,2009年版。

程光、盖强编著:《晋商十大家族》,太原:山西经济出版社,2012年版。

徐扬杰著:《中国家族制度史》,武汉:武汉大学出版社,2012年版。

张玉立主编:《静升古韵》,太原:三晋出版社,2013年版。

温耀强主编:《王家大院历史人物纪略》,太原:山西经济出版社,2016年版。

秦彩焰主编,郑建华著:《王家大院话纵横》,太原:山西经济出版社,2018年版。

后　记

一年"笔锄"，终成"云章"。

《孝义典范王梦鹏》一书是在主编秦彩焰的主持下，全体编撰人员共同劳动的结晶。

本书共分八章，第一章由杨迎光执笔，第二章由张佰仟执笔，第三章由刘计亮执笔，第四章由张佰仟执笔，第五章由郑建华执笔，第六章由王儒杰执笔，第七章由王海琴整理，第八章由郑建华整理。插图任虹霞，拓片蔺俊鹏，摄影吴秀敏。本书的统稿工作由燕俊、王俊才担任。

撰本书，我们以"事迹"串珠，用"碑石"立人。力求编撰一部：记载乡贤典范的"人物传记"，挖掘家族文化的"史海钩沉"，弘扬忠孝节义的"大众教材"，传承家国情怀的"人生宝典"，引领社会风尚的"一缕清风"。

在编撰过程中，得到了王家大院管理处副主任宋旭辉以及各科室的大力支持，得到了社会各界的倾心关注，在此一并致谢。

由于史料匮乏，时间仓促，不妥之处在所难免，诚望广大读者不吝指正。

王俊才

2018 年 10 月 18 日